写真　一之瀬ちひろ

暮しの手帖のシンプルレシピ
目次

デザイン
林 修三
熊谷菜都美
（リムラムデザイン）
新装保存版デザイン
細山田光宣　鎌内 文
（細山田デザイン事務所）
表紙写真
木村 拓
表紙料理
飛田和緒
目次絵
秋山 花
プリンティングディレクター
山口理一（凸版印刷株式会社）

◎この本でご紹介しているレシピの計量単位は、カップ1杯は200mℓ、大サジ1杯は15mℓ、小サジ１杯は5mℓです。計量カップや計量スプーンで量りにくいものは、ｇで示しています。
◎電子レンジの加熱時間は出力500Wのものを基準にしています。600Wの場合は0.8倍、700Wの場合は0.7倍の時間をめやすに加熱してください。
◎オーブントースターの加熱時間は出力1000Wのものを基準にしています。

この本は２０１４年10月４日に刊行した、別冊『暮しの手帖のシンプルレシピ』を書籍化したものです。

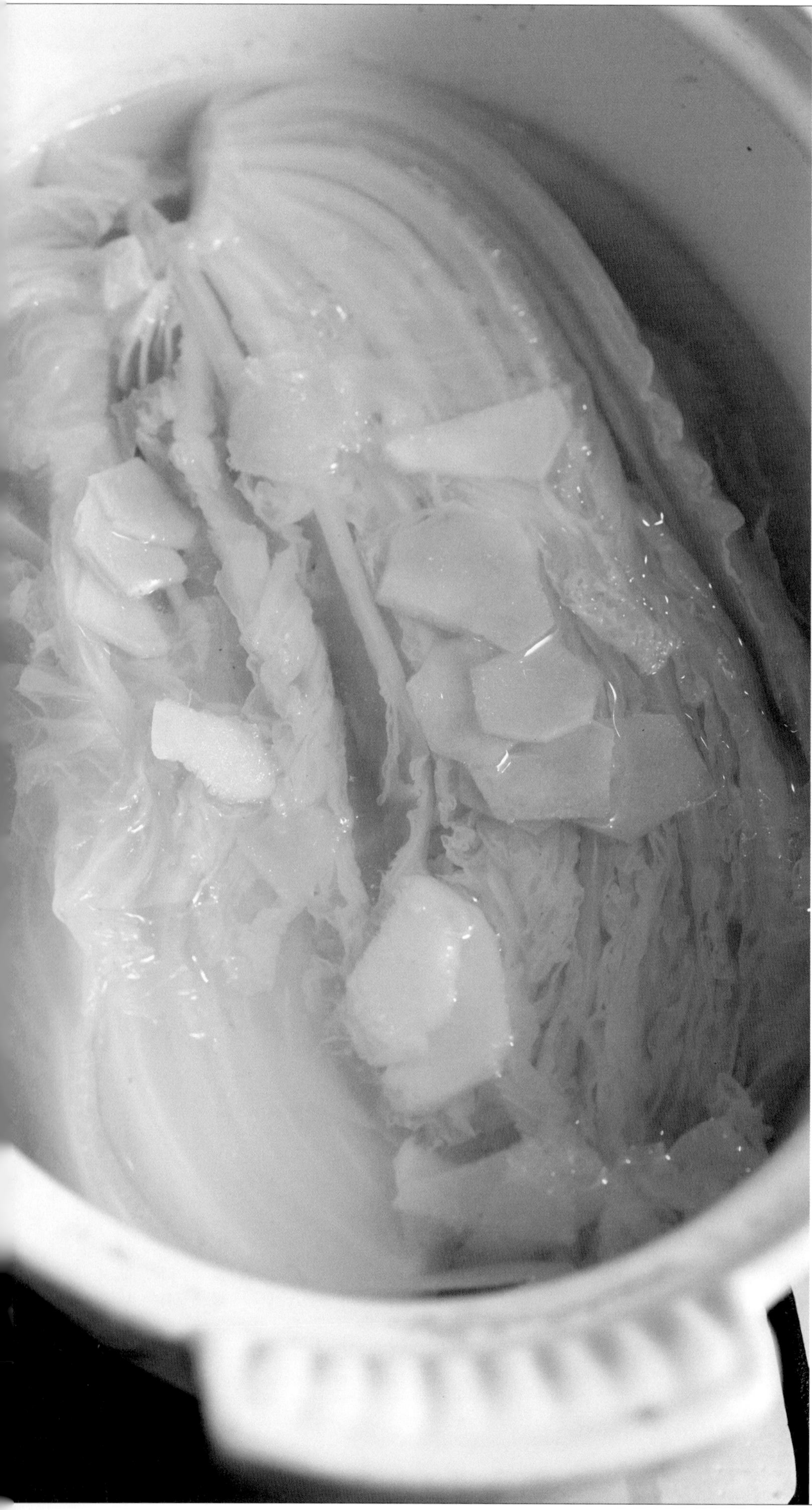

暮しの手帖のシンプルレシピ3箇条

この本に掲載している料理は、単なるスピード料理や簡略レシピではありません。家庭料理では、無理をしてむずかしいものを作らなくても、「簡単でおいしい」という料理こそが一番です。暮しの手帖が考える3つの「シンプルでおいしい料理」をご紹介します。

料理　飛田和緒　ウー・ウェン　渡辺有子　写真　木村拓　スタイリング　高橋みどり

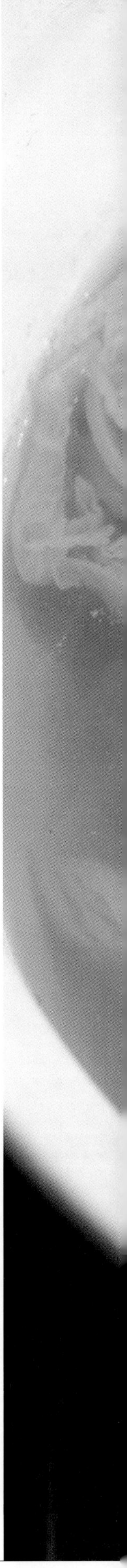

1 少ない材料と手順で作る料理

たくさんの材料はいりません。面倒な手順を踏まなくても、特別な技術がなくても、おいしい料理が作れます。素材の組み合わせや調味の仕方、熱の入れ方など、ちょっとしたコツとポイントをおさえるだけで、「こんなに手早くできるのに、どうしてこんなにおいしいの?」という、うれしい驚きがあるひと品ができ上がります。そうすれば、少ない材料と手順で、素材の持ち味を生かした料理が作れるのです。

2 ほうっておいておいしくなる料理

時間はかかるけれど手間はかからない料理があります。漬け込んだり、煮込んだり、じっくり焼いたり。漬け汁や鍋、オーブンなどに任せられて、あとは時間がおいしくしてくれる、という料理です。その間にもうひと品作ったり、ほかの家事をしたり。そうした時間のやりくりができる料理は、忙しいときには大いに役立ちます。時間とともにじんわりと味がしみ込んで、うま味を引き出す料理です。

3 あると助かる作り置き料理

下ごしらえしておくもの、完成の一歩前まで作っておくもの、味の決め手になる手作りのソースや調味料。これらを時間のあるときに作っておけば、当日はそれを使って仕上げるだけで、ちょっと手の込んだ料理も、さっとでき上がります。そんな作り置きが、冷蔵庫の中にひとつ、ふたつあるだけで、忙しいときにも、ぐっと気持ちに余裕ができます。多彩に展開できてレパートリーが広がるのも、うれしいところです。

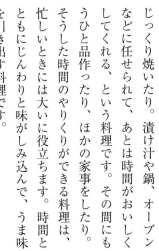

野﨑洋光さんのシンプルレシピ

「家庭料理は素材を味わう料理。余計な手を加えないほうが、むしろおいしくなるんですよ」
野﨑洋光さんに、ダシに頼らず、素材のうま味を生かして作る和食を教えていただきました。

料理　分とく山　野﨑洋光　写真　川村　隆　スタイリング　高橋みどり

「火を入れ過ぎないことが、
おいしさのポイント」

しくみを知れば、料理はもっと簡単になります

◎昔の料理と　いまの料理は違う

今回わたしがお伝えするのは、いまの時代に即した「おいしさのしくみ」です。たとえば、魚を濃い味で長く煮て、身がパサついてしまうという場合。これは、魚の鮮度が悪かった時代の料理です。いまなら、鯛の淡煮（18頁）のように、うす味でさっと煮て、みずみずしく仕上げる方法がおすすめ。ただし、「さっと煮る」前には、塩を振って湯通しするという下ごしらえが必要です。面倒がらずにやれば、結果として調理が簡単になり、おいしくなる――そんなひと手間を次項から解説します。

◎塩を振って　時間をおく効果

肉や魚は、火を入れ過ぎると身がかたくなり、素材のうま味も損なわれてしまいます。そこで覚えたいのは、「振り塩」のひと手間。塩を振って時間をおくと、塩気が内側にしみ込んで味の土台となります。すると、外側に味をからめるだけで充分おいしく感じますし、中まで味をしみ込ませなくてもよいので、火を入れるのは短時間でよく、柔らかく仕上がります。塩をしみ込ませる時間は15～30分位。これは「時間がおいしくする工程」と考えて、その間にほかの料理や家事を済ませましょう。

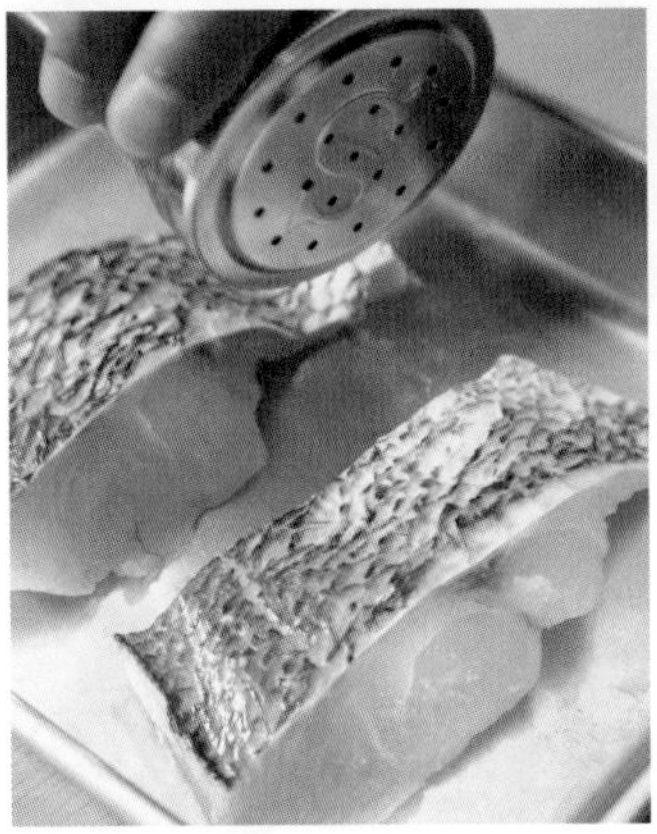

◎「湯通し」で　雑味を取り除く

次におすすめしたいのは、素材を煮たり炒めたりする前に、さっと湯通しする下ごしらえです。アクが抜けて素材のうま味が引き立ちますし、ここで火を入れておくことで、あとは「さっと煮る」だけで仕上がるのです。湯に入れて、肉や魚は表面が白っぽくなったら、野菜はもう一度煮立ったら引き上げます。肉（または魚）と野菜の両方を湯通しする場合は、同じ鍋の湯で、野菜、肉の順に。こうして順に湯通しするときは、持ち手のついたザルに素材を入れて、ザルごと鍋に浸すと作業が楽です。

◎火を入れ過ぎずに　仕上げる

肉や魚を柔らかくジューシーに仕上げるには、火を入れ過ぎないことがポイントです。牛の冷しゃぶ（11頁）は70℃の湯を使いますが、これは牛肉に火が通る最低温度。もっと高い温度でゆでたり、長い時間ゆでると、肉がかたくなってしまいます。今回は同様の低温調理レシピをいくつか紹介しますので、温度計を用意してください。低温調理には、鶏じゃがいもの煮もの（20頁）のように、火を止めてから煮汁の余熱を使う方法も。この場合は、素材が煮汁に浸る小さめの鍋を使いましょう。

野崎洋光さんの夕食作りの段取り

―「ブリの照り焼き」メインの献立

みそ汁が具だくさんなら、献立は一汁二菜で充分。ご飯を炊く30分の間に、3品を順序よく作ります。

この日のメニュー

◎ブリの照り焼き（レシピは10頁）

◎春雨とひじきの炒め和え（レシピは27頁）

◎大根のみそ汁（レシピは22頁）

◎ご飯

準備

1 前日の晩に みそ汁とご飯を準備

前日の晩のうちに、米を洗って浸水・水きりまで済ませ、「大根のみそ汁」の煮干しを下ごしらえして水に浸しておきます。それぞれ、保存容器とボールに入れて冷蔵庫におきます。

煮干しを下ごしらえして水に浸す

米を洗って浸水・水きり

スタート

2 米を炊飯器で炊く

当日は、一番時間のかかる炊飯から始めます。前日に準備した米を炊飯器にセット。よく吸水させているので、吸水時間を省いた「早炊きモード」で炊いて蒸らし、計30分ほどです。

手際のよさのコツ

1 米の浸水・水きりは時間がかかるので、前日の晩に済ませます。保存容器に入れて冷蔵庫におくと、乾燥せず、味も落ちません。煮干しは30分ほどでダシが出ますが、米と一緒に準備しておけば、より深みのある味に。

3 ブリに振った塩が充分にしみ込むまでには、15分ほど必要です。その間に、冷めてもおいしい「春雨とひじきの炒め和え」を仕上げ、みそ汁の大根を煮ておきます。

4 みそ汁の油揚げの油抜きが済んだら、空いた火口を使って大根を煮始めます。大根はグツグツ煮るとうま味が出ますが、好みによってはさらに煮干しを加えると、コクが増します。隣の火口では、もどした春雨をゆでます。

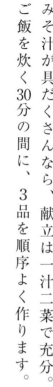

1分後

3 ブリに塩を振り、みそ汁の具材を切る

「ブリの照り焼き」のブリに塩を振り、15分ほどおきます。みそ汁の具の油揚げを油抜きして切り、大根と長ねぎ、ワカメも切ります。「春雨とひじきの炒め和え」の春雨を水に浸してもどし、ゆでる湯を沸かします。

7分後

4 みそ汁の大根を煮始め、春雨をゆでる

煮干しダシに大根を入れて煮始めます。春雨を熱湯で3分ほどゆでてザルに上げます。

11分後

5 炒め和えを仕上げる

春雨と作り置きの「ひじきとベーコンの煮もの」（26頁）を炒め合わせ、ひと品が手早く完成。大根の様子を見て、柔らかく煮えてきたら火を止めます。

15分後

6 ブリを水洗いして焼く

ブリを水洗いし、水気を拭き取ります。ご飯が炊けて蒸らされたころに照り焼きが仕上がるよう、その8分ほど前にブリに薄力粉をまぶし、焼き始めます。

29分後

7 ブリの照り焼きとみそ汁を仕上げる

タレを煮詰めてブリにからめます。みそ汁の鍋に、みそと残りの具を加えて仕上げます。

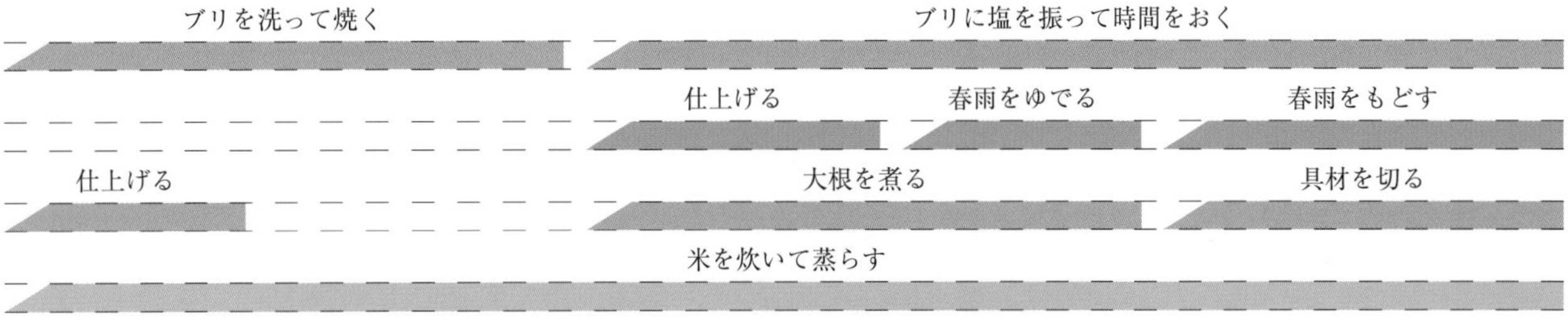

5 「春雨とひじきの炒め和え」は、作り置きの「ひじきとベーコンの煮もの」があれば、10分足らずで作れます。みそ汁の大根が柔らかく煮えてきたら、火を止めておいておくと、余熱でほどよく火が入ります。

6 「ブリの照り焼き」をおいしく仕上げるコツは、火を入れ過ぎないこと。炊きたてのご飯と一緒にあつあつで味わいたいので、ご飯が炊けて蒸らし終える時間から逆算して焼き始めます。

7 「みそ汁は煮えばながおいしい」と言いますが、みそを溶き入れたら、煮立つ直前で火を止めると、香りよく仕上がります。みそ汁は、献立のなかで一番最後に仕上げるとよいでしょう。

シンプルな料理をおいしくする
ちょっとした手間を大切に、
賢い段取りを考えて作りましょう。

◎主材料：1種　◎手順：4ステップ　◎所要時間：約25分

ブリの照り焼き

ほどよい甘さのタレがのり、中はふっくら。
定番のおかずが、驚くほどおいしく作れます。

材料（2人分）

- ブリ…2切れ
- ししとう…4本
- 塩…小サジ1杯
- 薄力粉…適量
- サラダ油…小サジ$\frac{1}{2}$杯

A　タレ（割合は5：3：1）

- みりん…カップ$\frac{1}{2}$杯
- 日本酒…大サジ4杯
- しょう油…小サジ4杯

作り方

1　ブリは両面に塩を振り、15分ほどおきます。水洗いし、水気をよく拭き取ってから、両面に薄力粉をハケでうすくまぶします。

2　ボールにAを混ぜ合わせます。

3　フライパンにサラダ油を入れて中火で熱し、ブリを入れて、両面を焼き色がつくまで焼きます。キッチンペーパーでフライパンの余分な油を拭き取り、強火にして2を加えます。1分ほど煮詰めたら、ブリを取り出します。

4　タレを1～2分ほど煮詰め、泡が大きくなってきたら、ししとうを入れ、ブリを戻し入れます。スプーンでタレをすくってブリにかけながら1分ほど煮詰め、火を止めます。

ここがポイント

ブリは表面をこんがりと焼いてからタレを加えると、タレがよくのります。また、一度取り出すことで、火を通し過ぎず、ふっくらと仕上がります。

◎主材料：3種　◎手順：4ステップ　◎所要時間：約20分

牛の冷しゃぶ

牛肉は低温で火を通し、柔らかく味わいます。
牛乳ベースの、うま味のあるタレがよく合います。

材料（2人分）

- 牛ロース肉（うす切り）…200g
- 長ねぎ…1/2本
- かいわれ大根…1パック
- 黒コショー…適宜

A
- 牛乳…カップ1/2杯
- 穀物酢…小サジ4杯
- しょう油…小サジ4杯
- しょうが…1片

作り方

1　Aの酢を耐熱容器に入れ、電子レンジに20秒ほどかけて煮切り、冷まします。しょうがは皮をむいてすりおろします。ボールにAの材料をすべて入れて混ぜ合わせます。

2　長ねぎは長さ4cmに切り、タテに切り込みを入れて開きます。芯を取り除いて残りを平らに重ね、タテにせん切りにします。かいわれ大根は根元を落として半分の長さに切ります。長ねぎとかいわれを合わせて水にさっとさらし、ザルに上げます。

3　鍋に70℃の湯を沸かし、ボールに常温の水を用意します。牛肉を1枚ずつ泳がせるようにしてゆで、表面が白っぽくなったらボールの水に移し、すぐに不織布のキッチンペーパーに広げます。これをくり返し、すべての肉をゆでます。

4　3と2を盛りつけ、1をかけます。好みで黒コショーを振ります。

ここがポイント

牛肉は写真のような色合いになったらすぐに引き上げ、水にさっと浸して冷まします。冷水に浸すと脂身が固まってかたくなるので、必ず常温の水を使いましょう。

◎主材料：3種　◎手順：4ステップ　◎所要時間：約15分

豚バラ肉とわけぎの炒り煮

素材を湯通しすることで、雑味のないおいしさに。たっぷりの黒コショーで、きりっと仕上げます。

材料（2人分）

- 豚バラ肉（うす切り）…200g
- 白滝…150g
- わけぎ…1束（150g）
- 黒コショー…適量

A
- うす口しょう油…大サジ$2\frac{2}{3}$杯
- 日本酒…大サジ1杯
- 水…カップ1杯

作り方

1　白滝は10cm位に切り、ザルに入れます。鍋にたっぷりの水を入れ、ザルごと浸して強火にかけます。

2　豚バラ肉は長さ5cmに切ります。わけぎは長さ3cmに切り、白い部分と青い部分に分けておきます。

3　1が沸騰してから、さらに1分ゆでてザルを引き上げ、湯をきってボールに移します。続けてザルに豚肉を入れて同じ湯に浸し、菜箸でほぐしながらさっとゆでて、湯をきって別のボールに移します。

4　3の鍋を洗い、A、白滝、わけぎの白い部分を入れて中火にかけて煮ます。わけぎが柔らかくなったら、豚肉、わけぎの青い部分、たっぷりの黒コショーを入れてひと混ぜし、火を止めます。

※わけぎの青い部分はさっと煮て、食感を残すようにします。最後に玉子を割り入れて半熟に仕上げ、ご飯にのせて食べてもよいでしょう。

◎主材料：3種　◎手順：4ステップ　◎所要時間：約20分

アジのサラダ

しょうが入りのさわやかな二杯酢が、
脂ののったアジのうま味を引き立てます。

材料（2人分）
- アジ（三枚おろしにした生食用。2尾分がめやす）…150g
- 長いも…120g
- ブロッコリー…5～6房

A　二杯酢
- しょうが…1/2片
- 穀物酢…大サジ1杯
- しょう油…大サジ1杯

作り方

1　二杯酢を作ります。酢を耐熱容器に入れ、電子レンジに20秒ほどかけて煮切り、冷まします。皮をむいてすりおろしたしょうが、しょう油を加えて混ぜ合わせます。

2　鍋に湯を沸かし、火を止めてからブロッコリーを入れます。2分浸してザルに上げ、粗熱を取ります。

※ブロッコリーや小松菜などのアブラナ科の野菜は、低めの温度で火を通すと、うま味が引き出されます。

3　長いもは皮をむいて2cm角に切ります。不織布のキッチンペーパーなどに包み、すりこ木で軽くたたいて粗めにつぶします。

4　アジは頭のほうから皮をむき、1.5～2cm角に切ります。ボールに長いもとともに入れて和え、ブロッコリーを加えてさっと合わせて、器に盛りつけます。食べる直前に1をかけます。

◎主材料：2種　◎手順：4ステップ　◎所要時間：約15分

れんこんと豚バラ肉のきんぴら

肉を加えたきんぴらは、食べごたえも充分。
煮詰め過ぎず、タレをさっとからめて仕上げます。

材料（2人分）

- れんこん…150g
- 豚バラ肉（うす切り）…100g
- 長ねぎ（青い部分）…適量
- 唐辛子…1本
- サラダ油…小サジ2杯

A　タレ（割合は5：3：2）

- みりん…カップ$\frac{1}{4}$杯
- しょう油…大サジ2杯
- 日本酒…大サジ$1\frac{1}{3}$杯

作り方

1　れんこんは皮をむいて厚さ3㎜の輪切りにし、水にさっとさらして水気をよくきります。唐辛子はヘタを取り、種を除きます。

※唐辛子を使う代わりに、最後に七味唐辛子を混ぜ合わせても結構です。

2　豚バラ肉は長さ5㎝に切り、ザルに入れます。鍋に湯を沸かしてザルごと浸し、菜箸で豚肉をほぐしながら白くなるまでゆでて、湯をきります。

3　フライパンにサラダ油を入れて強めの中火にかけ、れんこんを入れて、表面が透き通るまで炒めます。長ねぎを加えてさっと炒め合わせ、Aと唐辛子を加えて強火にします。

4　タレの泡が大きくなったら、長ねぎを取り出し、豚肉を加えます。全体にタレをからめ、火を止めます。

ここがポイント

長ねぎと炒め合わせ、甘味と香りを移します。量は数㎝位でも充分効果があります。取り出してから、うす切りにして盛りつけてもよいでしょう。

◎主材料：2種　◎手順：3ステップ　◎所要時間：約10分

小松菜の煮びたし

ベーコンの煮汁で手早く作れる煮びたしです。

材料（2人分）

- 小松菜…1束
- ベーコン…5枚（約90g）

A

- 昆布…5cm角
- うす口しょう油…大サジ1杯
- 日本酒…大サジ1杯
- 水…カップ1杯

作り方

1 鍋にたっぷりの湯を沸かします。小松菜は根の部分のみ落とし、根元に十字の切り込みを入れて、長さ4cmに切ります。

2 1の鍋の火を止めてから、小松菜を入れて2分浸し、ザルに上げます。水に浸して水気をしぼります。

3 ベーコンは長さ5cmに切って別の鍋に入れ、Aを加えて中火にかけます。煮立ったら弱火にして1分煮て、小松菜を加えて中火にし、全体に煮汁をからめて火を止めます。

◎主材料：3種　◎手順：4ステップ　◎所要時間：約15分

トマトみそ汁

トマトの豊富なうま味と、清涼感が生きています。

材料（2人分）

- きゅうり…1本　• ほうれん草…3株　• 長ねぎ…4cm　• トマトジュース（有塩）…カップ1/2杯　• みそ…20g　• 水…カップ1杯

作り方

1 長ねぎは小口切りにします。

2 きゅうりは皮のところどころをタテにむいて厚さ1.5cmの輪切りにし、ザルに入れます。鍋に湯を沸かしてザルごと浸し、きゅうりを30秒ゆでて引き上げます。水に浸して粗熱を取り、水気をきります。

3 2の鍋の湯で、ほうれん草をさっとゆでます。水に浸してよくしぼり、長さ3cmに切ります。

4 別の鍋にトマトジュースと分量の水を入れて中火にかけます。煮立ったらみそを溶き入れ、2と3を加え、煮立つ直前で火を止めます。器によそい、1を浮かべます。

◎主材料：3種　◎手順：4ステップ　◎所要時間：約20分

親子丼

鶏肉は火を通し過ぎずにジューシーに、
玉子は片栗粉を加えて、絶妙な半熟に仕上げます。

材料（2人分）
- 鶏もも肉…200g
- 長ねぎ…1本
- 玉子…2コ
- ご飯…丼2杯
- 片栗粉…大サジ1杯
- 黒コショー…適宜

A
- しょう油…大サジ2杯
- みりん…大サジ2杯
- 水…180㎖

作り方

1　鶏もも肉は余分な脂身を取り除き、ひと口大に切ります。鍋に湯を沸かして鶏肉を入れ、表面が白っぽくなったらザルに上げます。

2　長ねぎは幅1㎝の斜め切りにします。玉子はよく溶きほぐします。片栗粉は水大サジ2杯（分量外）で溶きます。

3　小さめの鍋に鶏肉とAを入れて中火にかけ、沸騰したら、鶏肉を取り出して長ねぎを加えて煮ます。長ねぎを菜箸でつまみ、柔らかく煮えていたら鶏肉を戻し入れ、水溶き片栗粉をまわし入れて混ぜ合わせます。

4　煮汁にトロミがついたら、溶き玉子をまわし入れます。ひと煮立ちしたら、火を止めてフタをして1〜2分おき、余熱で玉子を半熟に仕上げます。丼によそったご飯にのせ、好みで黒コショーを振ります。

ここがポイント

鶏肉のうま味を煮汁に移し、かたくならないうちに取り出します。肉が煮汁に浸るサイズの鍋（直径16cm位まで）を使いましょう。

◎主材料：2種　◎手順：4ステップ　◎所要時間：約25分

マグロの漬け丼

漬ける前に、さっと湯通しするだけ。
手ごろなマグロも上質なおいしさになります。

材料（2人分）

•マグロ…1さく（約160g）
•長いも…200g　•ご飯…丼2杯　•海苔、わさび…各適量

A
•しょう油…カップ1/2杯
•みりん…カップ1/4杯

作り方

1　鍋に湯を沸かし、ボールに氷水を用意します。鍋の火を止めてからマグロを入れ、表面の色が変わったら引き上げます。氷水に浸して粗熱を取り、水気を拭き取ります。

2　小さめのバットにAを入れて混ぜ合わせ、マグロを浸します。マグロの上に不織布のキッチンペーパーをかけ、しみ込んだ漬け汁がマグロの表面全体にいきわたるようにします。15分ほど漬けます。

3　長いもは皮をむいて2cm角に切ります。キッチンペーパーなどで包み、すりこ木で軽くたたいて細かくつぶします。

4　マグロに斜めに庖丁を入れ、厚さ1cmのそぎ切りにします。丼によそったご飯に長いもをかけ、マグロをのせます。海苔を揉んで細かくしてのせ、わさびを添えます。

※漬け汁はもう1回使えます。ひと煮立ちさせ、冷めたら保存容器に入れて、2週間ほど冷蔵保存できます。

ここがポイント

1

マグロは熱湯にくぐらせることで、生ぐさみが取れます。表面のたんぱく質が固まるので、うま味や水分が流れ出ず、さらに、漬け汁がほどよくしみ込む効果もあります。

◎塩をしみ込ませる　◎塩の浸透約30分＋調理約10分

鯛の淡煮

鯛に塩をしみ込ませ、ごくうす味でさっと煮ます。身はしっとりと柔らかく、澄んだ煮汁を味わえます。

材料（2人分）
- 鯛…2切れ
- 長ねぎ…1/2本
- 豆腐…1/4丁
- もどしたワカメ（塩蔵ワカメは約7g、乾燥ワカメは約3gをもどす）…30g
- 椎茸（軸を落とす）…2枚
- 絹さや（スジを取る）…4枚

A
- うす口しょう油、日本酒…各大サジ1 2/3杯
- 水…カップ2杯

作り方

1 鯛は両面に塩小サジ1杯（分量外）を振り、30分ほどおきます。

2 長ねぎは長さ5cmに切り、表面に4～5カ所、ヨコに浅い切り込みを入れます。豆腐は半分に切り、ワカメは長さ5cmに切ります。

3 鍋に湯を沸かし、椎茸と絹さやをさっとゆでて取り出します。同じ湯で鯛を15秒ゆでて冷水に浸し、粗熱が取れたら水気を拭き取ります。

4 鍋にA、鯛、椎茸、長ねぎ、豆腐を入れて中火にかけ、沸騰したらワカメを加えます。さらにひと煮立ちしたら火を止め、1分おきます。器に汁ごと盛り、絹さやを飾ります。

※余熱で火を通します。鍋は、煮汁に具材が浸る大きさ（直径16cm位）のものを使いましょう。

ここがポイント

残った煮汁はコクのある味わいで、うどんのつゆにぴったり。そのほか、煮びたしに使うなどして、無駄なく活用しましょう。

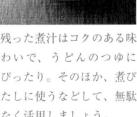

◎漬けてしみ込む　◎調理約15分＋漬け込み約40分

鮭の南蛮漬け

昆布を加えた漬け汁は、まろやかな風味。
野菜は漬けずに添えて、さっぱりといただきます。

材料（2人分）
- 生鮭…2切れ（約200g）
- 玉ねぎ…1/2コ
- パプリカ（緑・黄）…各1/4コ
- 薄力粉、揚げ油…各適量

A・昆布…5cm角　・唐辛子…1本　・穀物酢…大サジ6杯　・うす口しょう油…大サジ2杯　・みりん…大サジ2杯　・砂糖…大サジ1杯　・水…カップ1杯

作り方

1 鍋にAを入れて混ぜ合わせます。

2 鮭は大きめのひと口大に切ります。水で軽く洗って水気を拭き取り、薄力粉をハケでうすくまぶします。

3 180℃に熱した油に鮭を入れ、カリッと揚がったら、アミに上げて油をきります。

4 1を強火にかけ、ひと煮立ちしたら火を止めて、ボールに移します。揚げたての鮭を浸し、粗熱が取れるまで40分ほど漬けます。

5 玉ねぎとパプリカはうす切りにし、水にさっとさらして水気をきります。鮭とともに器に盛りつけ、好みで漬け汁をまわしかけます。

ここがポイント

漬け汁が熱いうちに揚げたての鮭を浸すと、味がよくしみ込みます。また、浸してすぐのあつあつのうちに食べると、ひと味違ったおいしさを楽しめます。

◎余熱でじっくり　◎調理約30分＋余熱を通す約50分

鶏とじゃがいもの煮もの

鶏肉をゆでたスープがよいダシになり、あっさりとしながらもコクのあるひと品に。

材料（3人分）
- 鶏むね肉…1枚
- じゃがいも…2コ
- 長ねぎ…1/2本
- 黒コショー…適量
- 水…カップ2 1/2杯

A
- うす口しょう油…大サジ2杯
- 日本酒…大サジ2杯

作り方

1　じゃがいもは皮をむいて1cm弱角の棒状に切り、ザルに入れます。鍋に湯を沸かし、ザルごと浸してじゃがいもをさっとゆでて、ボールに取り出します。

2　ザルに鶏肉を入れて1の湯に浸し、表面が白っぽくなったら冷水に取って洗い、水気を拭き取ります。

3　鍋に鶏肉と分量の水を入れて中火にかけます。沸騰したらごく弱火にし、2分ゆでて火を止めます。常温になるまで50分ほどおきます。

※鶏肉が水に浸る大きさの鍋（直径16cm位まで）を使いましょう。

4　長ねぎは長さ4cmに切り、タテに切り込みを入れて開きます。芯を取り除いて残りを平らに重ね、タテにせん切りにします。水にさっとさらして水気をきります。

5　3の鍋から鶏肉を取り出します。ゆで汁にAとじゃがいもを入れ、中火にかけて煮ます。鶏肉は皮を取り除き、手で粗めに裂きます。

6　じゃがいもに火が通ったら、鶏肉を戻し入れてひと煮立ちさせ、火を止めます。器に汁ごと盛り、長ねぎを飾って、黒コショーを振ります。

※残った煮汁はうどんのつゆにしたり、豆板醤やラー油で味をととのえて、ラーメンのスープにしても。

◎漬けてしみ込む　◎調理約30分＋漬け込み約20分

揚げ鶏のみそ漬け

鶏肉を短時間で揚げて、余熱で火を通します。
中はジューシーで、濃厚なみそがしみています。

材料（2～3人分）

•鶏むね肉…1枚　•キャベツ、にんじん、薄力粉、揚げ油…各適量
•塩、黒コショー…各少々

A •みそ…100g　•長ねぎ…1本　•みりん…大サジ2杯　•日本酒…大サジ2杯　•黒コショー…少々　•水…カップ$\frac{1}{2}$杯

作り方

1 小鍋にAのみりん、日本酒、水を入れます。強火にかけてひと煮立ちさせて煮切り、冷まします。

2 鶏肉はひと口大に切り、軽く塩・コショーして10分ほどおきます。

3 Aの長ねぎを粗みじんに切ります。ボールに1、みそ、黒コショーを入れてよく混ぜ、さらに長ねぎを加えて混ぜ合わせます。

4 鶏肉に薄力粉をハケでうすくまぶし、180℃に熱した油で2分ほど揚げ、アミに上げます。粗熱が取れるまでおき、余熱で火を通します。

5 鶏肉を3に入れてさっくりと混ぜ、20分ほど漬けます。

6 キャベツとにんじんはせん切りにし、水にさっとさらして水気をきります。器に盛り、鶏肉の汁気を軽くきって盛りつけます。

※みそ床は冷蔵で2週間ほど保存でき、あと1～2回使えます。

ここがポイント

揚げたての鶏肉は写真のように、芯まで火が通っていません。この状態から余熱で火を通すことで、かたくならず、ジューシーに仕上がります。

◎余熱でじっくり　◎調理約15分＋塩の浸透・余熱を通す約90分

イカの鳴門煮

イカ本来の甘味と柔らかさを楽しめます。

材料（2人分）
- するめイカの開いた胴…1パイ分
- 白滝…100g　・長ねぎ…1本
- 海苔…1/2枚　・塩…少々

A
- 日本酒…カップ1/2杯
- うす口しょう油…カップ1/4杯
- 水…カップ1杯

作り方

1　イカは皮をむき、両面に塩を振って30分おきます。鍋に白滝と水（分量外）を入れて中火にかけ、沸いてから1分ゆでてザルに上げます。長ねぎは幅1cmの斜め切りにします。

2　イカの皮面全体にタテに細かく切り込みを入れ、内側に海苔をしき、タテに巻いてタコ糸でしばります。

3　鍋に白滝、長ねぎ、Aを入れて中火にかけ、沸いたら弱火で1分煮ます。ポリ袋に移してイカを浸して口を閉じ、常温になるまでおきます。イカを輪切りにして盛りつけます。

◎浸してうま味を出す　◎浸水約30分〜一晩＋調理約15分

大根のみそ汁

煮干しを水にじっくり浸すだけで、上品なダシに。

材料（2人分）
- 大根…80g　・もどしたワカメ（塩蔵ワカメをもどす場合は約6g、乾燥ワカメの場合は約2g）…25g
- 油揚げ…1/2枚　・長ねぎ…5cm
- みそ…25g　・煮干し…10g

作り方

1　煮干しは頭とワタを取り除いて水カップ1 1/2杯に浸し、30分〜一晩おきます。煮干しを除いて鍋に入れます（好みで加えても）。

2　大根は皮をむいて長さ4cmの拍子木切りにします。ワカメは長さ4cmに切ります。油揚げは熱湯をかけて油抜きし、幅1cm、長さ3cmの短冊切りにします。長ねぎは厚さ5mmの小口切りにします。

3　1に大根を入れて中火にかけ、沸騰したら弱火にして5分煮ます。みそを溶き入れ、残りの具を入れて、煮立つ直前で火を止めます。

◎漬けてしみ込む　◎調理約15分＋塩の浸透・漬け込み約195分

ヨーグルトみそ漬け

ヨーグルトの発酵力を生かした、簡単漬けもの。ぬか漬け風で、よりくせのない味わいです。

材料（2人分）
- にんじん、長いも、セロリ（茎）、きゅうり…合わせて400g
- 塩…小サジ2杯

A　みそ床（割合は3：1）
- みそ…150g
- プレーンヨーグルト…50g

作り方

1　にんじんは皮をむき、長いもは皮のひげ根を取って、どちらもタテ4つに切ります。セロリはスジを取り、半分の長さに切ります。きゅうりは端を落とします。

2　1に塩をまぶしてすり込み、10〜15分ほどおきます。

3　2を水洗いして水気を拭き取り、保存用ポリ袋などに入れます。ボールにAを入れて混ぜ合わせ、野菜の入ったポリ袋に入れて揉み込み、全体によくいきわたるようにします。

4　冷蔵庫に入れて3時間ほど漬けて出来上がり。野菜についたみそを落として洗い、食べやすく切って器に盛りつけます。

※みそ床はもう1回使うことができます。または、みそ汁などに使うと、まろやかなおいしさを楽しめます。

ここがポイント

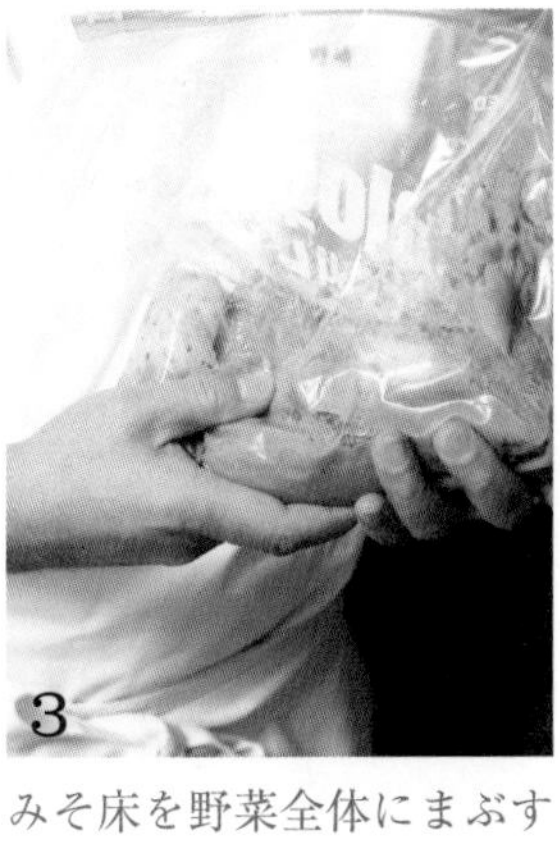

3

みそ床を野菜全体にまぶすようにポリ袋を揉み込みます。また、短時間で漬けたいときは、冷蔵庫ではなく、常温におくとよいでしょう。

作り置き

◎保存：保存容器で冷蔵3日ほど* ◎展開度：★★★☆☆

鶏ハム

しっとりと美味。そのままでもおかずになります。

材料（作りやすい分量）

- 鶏むね肉…2枚（約500g）
- 塩…10g

A •セロリ（葉）、にんじん、長ねぎ…各50g •玉ねぎ…100g

B •うす口しょう油…カップ1/2杯
- 日本酒…カップ1/2杯
- 水…カップ5杯

作り方

1 鶏むね肉はバットなどに入れて両面に塩を振ります。ラップをし、冷蔵庫で5時間ほどおきます。

※肉が厚い場合は、身側に浅い切り込みを入れて開き、うすく広げます。

2 鶏肉の皮をむきます。皮側を内側にして巻き、タコ糸でしばって形を整えます。熱湯に浸し、表面が白っぽくなったら冷水に取り、軽く水洗いして水気を拭き取ります。

3 鍋に粗く刻んだA、B、2を入れて中火にかけ、煮汁を80℃位に保ちながら、20分煮て肉を取り出します。粗熱が取れたら出来上がりです。

◎主材料：3種 ◎手順：3ステップ ◎所要時間：約10分

展開料理

鶏ハムの黄味おろし添え

黄味おろしのコクが、鶏の風味を引き立てます。

材料（2〜3人分）

- 鶏ハム…1本
- 大根…約250〜300g
- 玉子の黄味…1コ分
- 塩…少々
- すだち…1コ

作り方

1 大根は皮をむいてすりおろします。

2 1をザルに入れて手で押し、水気をしっかりとしぼります。50gを量ってボールに入れ、玉子の黄味と塩を加えて混ぜ合わせ、黄味おろしにします。

3 鶏ハムはうす切りにし、すだちはヨコ半分に切ります。器に盛りつけて黄味おろしを添えます。

＊煮汁の野菜（25頁に展開料理）は鶏ハムとは別の保存容器で冷蔵保存し、3日ほどで食べきってください。

◎主材料：1種　◎手順：3ステップ　◎所要時間：約10分

展開料理 香味スープ

煮汁の香味野菜を生かした、滋味深いスープです。

材料（4～5人分）
- 鶏ハムの煮汁の野菜…全量
- 片栗粉…大サジ2杯

※残った煮汁を加えても結構ですが、塩気が強いので、味をみながら加えてください。煮汁はラーメンのスープなどにも活用できます。

作り方

1 煮汁を漉し、野菜をフードプロセッサーでペースト状にします。

2 鍋に1のペーストと水カップ4杯を入れて混ぜ、中火にかけます。煮立ったら味見をし、水を少しずつ加えて好みの味にととのえます。

3 いったん火を止めて、片栗粉を同量の水で溶いてまわし入れ、よく混ぜ合わせます。弱めの中火にかけて混ぜ、ポタージュ位のトロミがついたら火を止めます。

※トロミが足りない場合は、水溶き片栗粉をさらに加えます。

◎主材料：3種　◎手順：3ステップ　◎所要時間：約70分

展開料理 おにぎり

寿司感覚の小さなおにぎり。おもてなしにも。

材料（10コ分）
- 米…1合
- 鶏ハム…2/3本
- 海苔…2/3枚
- 塩…小サジ1杯

作り方

1 米はやさしく洗って水に15分ほど浸し、ザルに上げて15分ほどおきます。少なめの水加減でややかために炊き、さっくりと混ぜて、5分ほど蒸らします。

2 鶏ハムは10枚のうす切りにします。海苔は庖丁の先で幅1cmに切ります。水カップ1/2杯と塩を混ぜ合わせ、塩水を作ります。

3 1をボールに移します。両手に塩水をつけ、ご飯の10分の1の分量（約30g）を取って、俵形にふっくらと握ります。これをくり返して10コのおにぎりを作り、それぞれに鶏ハムをのせて海苔で巻きます。

作り置き

ひじきとベーコンの煮もの

◎保存：保存容器で冷蔵1週間ほど　◎展開度：★★★☆☆

定番の常備菜を、満足感のあるひと品にアレンジ。

材料（作りやすい分量）
•もどした芽ひじき（乾物で約24g）…200g　•ベーコン…100g　•ピーマン、パプリカ（赤・黄）…各50g　•サラダ油…大サジ1杯
A•しょう油…大サジ2杯　•みりん…大サジ2杯　•砂糖…大サジ1杯　•水…160ml

作り方
1　ベーコンは長さ3cmに切ります。ピーマンとパプリカは幅1cm、長さ3cmの短冊切りにします。
2　ひじきは熱湯に入れ、ひと煮立ちしたらザルに上げて湯をきります。
3　鍋にサラダ油を入れて中火で熱し、ひじきを入れて炒めます。水分がほぼとんだら、Aを加えて煮ます。
4　煮汁が半分になったら、ベーコンを加えて混ぜ、煮汁をからめます。ピーマンとパプリカを加えてひと混ぜし、火を止めます。

作り置き

切干大根と豚バラ肉の煮もの

◎保存：保存容器で冷蔵1週間ほど　◎展開度：★★★☆☆

上記のひじきの煮ものと同様に展開できます。

材料（作りやすい分量）
•もどした切干大根（乾物で約50g）…200g
•豚バラ肉（うす切り）…100g
•にんじん…60g
•サラダ油…大サジ1杯
A　※上記Aと同じ

作り方
1　豚バラ肉は長さ3cmに切ります。鍋に湯を沸かして豚肉を入れ、菜箸でほぐしながらさっとゆでて湯をきります。水に浸して粗熱を取り、ザルに上げて水気をきります。
2　にんじんは皮をむき、長さ4cmの千六本（マッチ棒位の太さ）に切ります。
3　上記の手順2～3と同様に、ひじきを切干大根に代えて作ります。煮汁が半分になったら、豚肉とにんじんを加え、2分煮て火を止めます。

◎主材料：2種　◎手順：2ステップ　◎所要時間：約10分

展開料理 春雨とひじきの炒め和え

ヘルシーで食感抜群、彩りもよいおかずです。

材料（2人分）

- ひじきとベーコンの煮もの（または、切干大根と豚バラ肉の煮もの）…100g
- 春雨…20g
- 長ねぎ（青い部分）…適量

作り方

1 春雨は水に2～3分ほど浸してもどします。鍋に湯を沸かし、春雨を3分ほどゆでて、ザルに上げます。

2 フライパンを中火にかけてひじきとベーコンの煮ものを入れ、さっと炒めてから、春雨と長ねぎを加えます。1～2分ほど炒め合わせて火を止め、長ねぎを取り出します。

※取り出した長ねぎは、うす切りにして添えてもよいでしょう。

◎主材料：3種　◎手順：2ステップ　◎所要時間：約10分

展開料理 切干大根の玉子とじ丼

シャキシャキの具を、玉子がやさしくまとめます。

材料（2人分）

- 切干大根と豚バラ肉の煮もの（または、ひじきとベーコンの煮もの）…120g
- わけぎ…2本
- 玉子…2コ
- ご飯…丼2杯
- 黒コショー…少々

作り方

1 わけぎは長さ3～4cmに切り、白い部分と青い部分に分けておきます。玉子はボールに割り入れ、よく溶きます。

2 フライパンを中火にかけ、切干大根と豚バラ肉の煮ものと、わけぎの白い部分を入れて炒めます。わけぎがしんなりしたら、青い部分と黒コショーを加えてさっと炒め合わせ、溶き玉子をまわし入れます。全体を混ぜ合わせ、玉子が半熟に固まったら、丼によそったご飯にのせます。

作り置き

ごまダレ

◎保存：密閉容器で冷蔵1週間ほど　◎展開度★★★★☆

うま味の濃い豆乳を合わせ、にんにくを効かせます。

材料（作りやすい分量）
- 白練りごま…50g
- にんにく（すりおろし）…小サジ1杯弱
- 豆乳（または、牛乳や無塩のトマトジュース）…カップ1杯

※うま味成分が多いものを使います。
- しょう油…カップ1/4杯
- 砂糖…20g
- ラー油…小サジ1/4杯

作り方

1　ボールに白練りごまとにんにくを入れ、よく混ぜ合わせます。

2　1に豆乳を少しずつ加えて混ぜ合わせ、のばします。

3　しょう油、砂糖、ラー油を加えて混ぜ合わせます。

◎主材料：3種　◎手順：4ステップ　◎所要時間：約25分

展開料理

鯛のごまダレ焼き

パリッと焼いた皮面が、おいしさのポイント。

材料（2人分）
- 鯛（サワラ、金目鯛、サバなどでも）…2切れ
- 椎茸…2枚
- ごまダレ…カップ1/2杯
- 塩…少々
- わけぎ、薄力粉、サラダ油…各適量

作り方

1　鯛は塩を振って15分ほどおき、水洗いをして水気を拭き取ります。薄力粉をハケでうすくまぶします。

2　椎茸は軸を落とし、わけぎは小口切りにします。

3　フライパンにサラダ油を弱火で熱し、鯛の皮面を下にして入れます。フライ返しなどで上から押さえながら焼き、皮面に少し焼き色がついたら、まわりに椎茸を入れます。

4　皮面がパリッとしたら、鯛と椎茸を返して強めの中火にし、ごまダレを加えて1分ほど煮詰めて出来上がり。器に盛り、わけぎを飾ります。

◎主材料：3種　◎手順：4ステップ　◎所要時間：約10分

展開料理 春菊としめじのおひたし

香り高い春菊に、ごまのまろやかさがよく合います。

材料（2人分）
- 春菊…4本
- しめじ…50g
- ごまダレ…大サジ2 2/3杯

作り方

1　春菊は葉を摘んで、茎は食べやすくうす切りにします。しめじは石突きを落とし、小房に分けます。

2　鍋に70℃位の湯を沸かします。しめじを入れてさっとゆで、アミ杓子などで取り出し、粗熱を取ります。
※きのこ類は低めの温度でゆでると香りが損なわれません。

3　2の鍋の湯を沸騰させ、春菊をさっとゆでます。水に浸して粗熱を取り、水気をよくしぼります。

4　ボールにしめじ、春菊、ごまダレを入れて和え、器に盛りつけます。

◎主材料：2種　◎手順：2ステップ　◎所要時間：約5分～

展開料理 釜揚げうどん

コクのあるタレで食が進み、満足感もあるひと品。

材料（2人分）
- 冷凍うどん（または、乾麺など好みのもの）…2人分
- ごまダレ…カップ1杯（好みで増やしても）
- わけぎ…適量

作り方

1　わけぎはうすい小口切りにします。2つの器にごまダレとわけぎを入れます。

2　うどんは商品の表示通りにゆでます。ゆで上がったら、2つの丼に深さ半分位までゆで汁を取り分けてから、うどんをザルに上げます。丼にうどんを入れ、1をつけながらいただきます。

作り置き

◎保存：保存ビンで冷蔵1年ほど　◎展開度★★★★★

にんにくじょう油

まろやかなコク。サラダやおひたしに使っても。

材料（作りやすい分量）
- にんにく…100g（約2～3コ）
- しょう油…カップ1杯
- 日本酒…大サジ1 1/3杯

※長期保存する場合、保存ビンは煮沸消毒し、よく乾かしてから使いましょう。

作り方

1 にんにくは根元を落として皮をむき、ヨコにうす切りにします。

2 保存ビンににんにくとしょう油を入れ、冷蔵庫で5日ほど漬けます。

3 小鍋にザルを重ねて2を漉します。しょう油に日本酒を加えて強火にかけ、ひと煮立ちしたら火を止めて冷まします。保存ビンににんにくを戻し入れ、しょう油を注ぎます。

◎主材料：3種　◎手順：3ステップ　◎所要時間：約15分

展開料理　豚バラ肉とセロリの炒めもの

食べごたえ満点。セロリの香味がさわやかです。

材料（2人分）
- 豚バラ肉（うす切り）、セロリ（茎）…各100g
- にんにくじょう油のにんにく…8～10枚
- にんにくじょう油、日本酒、サラダ油…各大サジ1杯
- 黒コショー…適量

作り方

1 豚肉は長さ5cmに切ります。鍋に湯を沸かして豚肉を入れ、菜箸でほぐしながらさっとゆでてザルに上げます。

2 セロリはスジを取り、幅2cmの斜め切りにします。

3 フライパンにサラダ油を入れて中火で熱し、セロリを入れて炒めます。セロリの表面が透き通ってきたら、キッチンペーパーでフライパンの余分な油を拭き取り、豚肉とにんにくを入れてさっと炒めます。にんにくじょう油、日本酒、黒コショーを加え、ひと混ぜして火を止めます。

◎主材料：4種　◎手順：3ステップ　◎所要時間：約25分

展開料理 イワシのしょう油煮

身がほろっと柔らかく、くせのないおいしさ。

材料（2人分）
- イワシ…4尾　・トマト…$\frac{1}{2}$コ
- わけぎ…3本　・しょうが…30g

A・日本酒、水…各120㎖
- にんにくじょう油、酢、みりん…各大サジ2$\frac{2}{3}$杯

作り方

1 トマトは湯むきして半分に切り、クシ形に4等分します。しょうがは皮をむいてうす切りにし、わけぎは長さ8㎝に切ります。

2 イワシは頭を落として腹を開き、ワタを除きます。80℃位の湯を沸かし、イワシを20秒浸して冷水に移します。皮を傷つけないよう、軽くさすり洗いをしてアクを取ります。

3 鍋にAとイワシを入れて中火にかけ、煮立ったら弱火にし、5分ほど煮ます。トマトとしょうがを加えて3分ほど煮たら、わけぎを加えてさっと煮て火を止めます。

メインおかず

◎主材料：4種　◎手順：3ステップ　◎所要時間：約25分

展開料理 豆腐ステーキ

バターとにんにくじょう油が絶妙な相性です。

材料（2人分）
- 木綿豆腐…1丁　・わけぎ…3本
- 青じそ…5枚　・にんにくじょう油…大サジ2杯　・薄力粉…適量
- サラダ油…大サジ1杯　・バター…30g　・日本酒…カップ$\frac{1}{4}$杯

作り方

1 豆腐は半分の厚さに切り、ザルにのせて15分水きりします。わけぎは幅1㎝の斜め切りに、青じそはせん切りにします。

2 豆腐に薄力粉をハケでうすくまぶします。フライパンにサラダ油を入れて中火で熱し、豆腐を入れて、両面を焼き色がつくまで焼きます。

3 キッチンペーパーでフライパンの余分な油を拭き取ってからバターを加え、半分位が溶けたら、日本酒とにんにくじょう油を加えます。煮立ったらわけぎと青じそを加え、しんなりとしたら火を止めます。

ウー・ウェンさんのシンプルレシピ

「料理は毎日のことですから、無理なく作れることが大事です」と話すウー・ウェンさん。手早く作れる炒めもの、手間いらずの煮ものなど、素材を無駄なく使いきる料理をご紹介します。

料理 ウー・ウェン　写真 木村 拓　スタイリング 高橋みどり

「手をかけ過ぎない
おいしさがあります」

素材をよく観察し、その持ち味を引き出します

◎切り方で味わいを変える

シンプルな料理は、「切り方」でおいしさが変わります。野菜をシャキッと仕上げたい場合、野菜の水分をなるべく出さないよう、センイにそって切ります。幅や厚みをそろえ、火の通りと食感を均一にしましょう。乱切りは断面積が大きく、味がしみ込みやすいので、煮ものやマリネ向き。野菜を一定の角度で回しながら、形をそろえて切ります。また、野菜をたたいて割ると、味がよくしみ込み、食感に変化もつきます。和えもののきゅうり（36頁）、豚汁のごぼう（55頁）などに使える方法です。

◎炒めものは準備をしっかりと

手早く作れる炒めものは、忙しいときに重宝するメニュー。途中でもたついて火を通し過ぎたり、味つけのタイミングを逃さないよう、材料と調味料をきちんと準備して始めることが大切です。葉もの野菜なら、茎と葉は時間差で炒めたいので、切ったら別々に分けて用意しておきます。合わせ調味料は量って混ぜ合わせ、水溶き片栗粉は溶いておきましょう。考え方はサラダと同じです。下ごしらえした素材を最後にフライパンで和える、そんな感覚で手際よく炒めましょう。

◎火の入れ方と調味のタイミング

炒めものをするときは、強火でパッとではなく、中火でじっくりと炒め、素材の持つ水分を熱して火を通します。このとき大切なのは、素材の変化をよく観察すること。野菜は火が通ると水分がにじみ出て、左の写真のようにしっとりツヤツヤとしてきますが、そのタイミングで調味料を加えると、よくなじみます。

塩は素材の水分を引き出す作用があり、水っぽくなるので、最後のほうで加えましょう。水気の多いトマトなどの場合、最後に水溶き片栗粉をまわし入れ、水気を抑えると同時に、調味料がからむようにします。チャーハンのご飯は、塩や塩気のある具と一緒に、弱めの中火で炒めるのがコツ。塩分によってご飯の水分が出てくるので、あとはよく炒めて水分をとばし、パラリと仕上げます。

また、煮ものの場合は、素材を柔らかく煮てから調味すると、味がよくしみ込みます。

ウー・ウェンさんの夕食作りの段取り
——「チャーハン」メインの献立

はじめに作っておける和えものと、一気に仕上げる炒めものを組み合わせた、無理のない献立です。

この日のメニュー

◎じゃことねぎのチャーハン(レシピは45頁)

◎ブロッコリーのねぎ和え(レシピは40頁)

◎海苔と玉子のスープ(レシピは43頁)

スタート

1　材料を準備

3品を段取りよく作れるよう、準備は万全に。すべての材料と調味料を量るほか、「海苔と玉子のスープ」の玉子を溶き、岩海苔と水は鍋に入れて、あとは火にかけるだけの状態にします。「ブロッコリーのねぎ和え」のブロッコリーを切り、ゆでる湯を沸かします。

5分後

2　ブロッコリーをゆでて冷ます

まずは、冷まして味わう「ブロッコリーのねぎ和え」から。ブロッコリーをゆでます。

材料・調味料を量る

ブロッコリーを切ってゆでる

岩海苔を水に浸す

手際のよさのコツ

1　スープの岩海苔と水を量ったら、ついでに鍋に合わせ、海苔をもどしておきます。海苔はすぐ火にかけてももどりますが、こうして浸しておくと、うま味がより出やすくなります。

2　和えもののブロッコリーをゆでて水にさらし、ザルに上げて冷まします。その間に、空いた火口でほかの調理を進めます。火口をどのような順序で使うかも、段取りのポイントになります。

3　長ねぎは、白い部分は和えものに、青い部分はチャーハンにと、1本を使いきります。残った素材の使い道に悩まずに済みますし、おいしいうちに味わえるので、無駄がありません。

8分後

3 長ねぎを2通りに切る

長ねぎは、「ブロッコリーのねぎ和え」用は斜めうす切りに、「じゃことねぎのチャーハン」用は小口切りに、一度に切っておきます。

10分後

4 ねぎソースを作る

ブロッコリーを冷ます間に、一緒に和えるねぎソースを、フライパンで炒めて作ります。

15分後

5 和えものを仕上げる

ねぎソースが熱いうちにさっと和えて、「ブロッコリーのねぎ和え」は完成です。

16分後

6 ちりめんじゃこを炒める

ねぎソースを作ったフライパンを洗い、チャーハンのちりめんじゃこを炒め始めます。

21分後

7 ご飯を炒め、スープを火にかける

チャーハンのご飯を加えて炒め始めたタイミングで、スープの鍋を火にかけます。

25分後

8 スープを仕上げる

調味料と溶き玉子を加えたら火を止めて、余熱で玉子に火を通して仕上げます。

26分後

9 チャーハンを仕上げる

黒コショーと長ねぎを加え、炒め合わせて火を止めます。

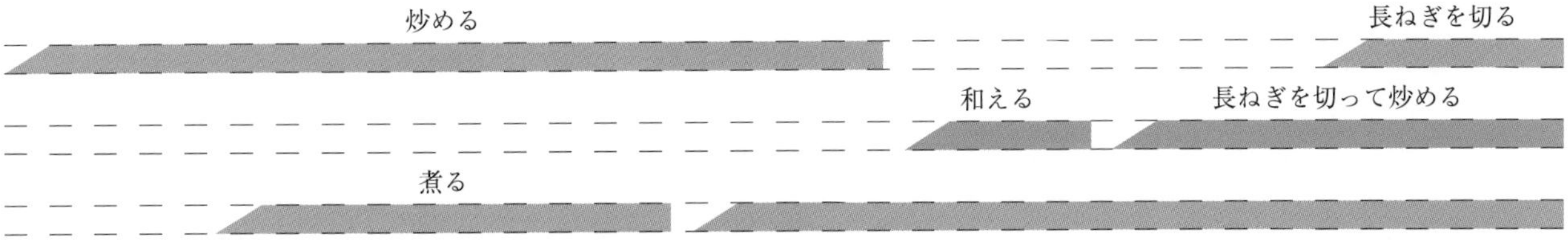

7 ご飯を炒め始めると同時に、スープの鍋を火にかけます。ご飯をパラリと仕上げるコツは、じっくり炒めること。その間にスープが煮立ち、2分ほど煮たら、調味のタイミングです。

8 スープに調味料を加え、溶き玉子を流し入れます。ひと煮立ちしたら火を止め、玉子に余熱で火を通す間に、チャーハンを仕上げます。

9 スープを仕上げるころには、ご飯粒が充分にほぐれ、パラパラになっています。あとは黒コショーと長ねぎを加えて炒め合わせ、チャーハンも完成。

調理は、全体の流れを組み立てて、準備を万全にして開始。火口を空けず、手も無駄なく動かすことが大切です。

◎主材料：2種　◎手順：4ステップ　◎所要時間：約15分

豚しゃぶときゅうりのごまダレ和え

たたききゅうりのみずみずしい食感が、ごまのコクでぐっと引き立ちます。

材料（2人分）

- 豚うす切り肉（しゃぶしゃぶ用）…200g
- きゅうり…2本

A
- 白練りごま…大サジ$1\frac{1}{2}$杯
- しょう油…大サジ1杯
- 黒酢…大サジ1杯
- 黒コショー…少々

作り方

1 豚肉は火が完全に通るまでゆでて、水気をよくきります。

2 きゅうりは皮のところどころをむき、すりこ木などでたたきつぶしてから、長さ4等分に切ります。

3 ボールにAを入れて混ぜ合わせ、水を少しずつ加えてのばします（水の分量は練りごまのかたさによって調節し、大サジ$\frac{1}{2}$〜1杯がめやす）。

4 豚肉を加えてよく和え、きゅうりを加えてさっと和えます。

ここがポイント

豚肉にタレをしっかりからめてから、きゅうりを軽く合わせることで、濃厚ななかにみずみずしいおいしさが生まれます。左頁の2品も、同様にして和えましょう。

◎主材料：2種　◎手順：4ステップ　◎所要時間：約20分

エビとレタスのピリ辛和え

さわやかな辛味。レタスがたっぷりいただけます。

材料（2人分）
- むきエビ…150g
- レタス…1コ
- 粗塩…小サジ1/2杯
- 花椒《ホワジャオ》（ホール）…小サジ1/4杯

A
- ごま油…大サジ1/2杯
- 豆板醤…小サジ1杯

作り方

1　レタスは幅5㎜に切り、粗塩と混ぜ合わせます。

2　エビは背開きにして背ワタを取り除きます。色が変わるまでさっとゆでて、水気をしっかりときります。

3　花椒はカラ炒りし、すりつぶして粉状にして、Aと混ぜ合わせます。

4　3にエビを加えてよく和えます。レタスの水気をよくしぼって加え、さっと和えます。

◎主材料：2種　◎手順：3ステップ　◎所要時間：約15分

牛しゃぶと玉ねぎのマスタード和え

ごくうすい玉ねぎの、シャッキリ感を楽しみます。

材料（2人分）
- 牛うす切り肉（しゃぶしゃぶ用）…200g
- 玉ねぎ…1コ

A
- 粒マスタード…大サジ1杯
- ごま油…大サジ1/2杯
- 粗塩…小サジ1/3杯

作り方

1　牛肉は、70℃位の湯で色が変わるまでゆでて、水気をよくきります。

2　玉ねぎはスライサーでセンイを断つようにうす切りにします。水に1～2分ほどさらし、水気をしっかりとしぼります。

3　ボールにAを入れて混ぜ合わせ、牛肉を加えてよく和えます。玉ねぎを加えてさっと和えます。

◎主材料：1種　◎手順：4ステップ　◎所要時間：約15分

うす切り肉の酢豚

揚げずに作る、簡単でヘルシーな酢豚です。

材料（2人分）

- 豚小間切れ肉…250g
- 白炒りごま…小サジ1杯
- 細ねぎ…1～2本

A
- 黒コショー…少々
- 日本酒…大サジ1杯
- 粗塩…少々
- 片栗粉…小サジ$\frac{1}{2}$杯

B
- 黒酢…大サジ2杯
- しょう油、ごま油、ハチミツ…各大サジ1杯
- 粗塩…1つまみ

作り方

1 豚肉は、火が完全に通るまでゆでて水気をきり、粗熱を取ります。

2 細ねぎは小口切りにします。

3 豚肉をバットに入れ、Aの材料を順にまぶします。

4 深めのフライパンにBを入れて溶き、中火にかけます。煮立ったら、豚肉を加えてからませます。汁気がほぼなくなったら、ごまと細ねぎを加えてひと混ぜし、火を止めます。

◎主材料：2種　◎手順：3ステップ　◎所要時間：約15分

牛肉と長ねぎのオイスターソース炒め

深いうま味に、ねぎが甘味を添えるひと品。

材料（2人分）

- 牛もも肉（焼き肉用）…200g
- 長ねぎ…1本
- 太白ごま油…大サジ1杯

A
- 日本酒…大サジ1杯
- オイスターソース…大サジ1杯
- 粗塩…1つまみ
- 黒コショー…少々

作り方

1 牛肉は、幅を厚さにそろえるようにして細切りにします。

2 長ねぎは斜めうす切りにします。

3 深めのフライパンに太白ごま油を入れて中火にかけ、牛肉を入れて炒めます。肉から出た水分がほぼなくなったら、Aを加えて全体にからめます。最後に長ねぎを加えて油がなじむまで炒め、火を止めます。

※38～56頁の太白ごま油は、生のごまをしぼって作られた香りにくせのない油で、素材のうま味を生かすのが特長です。香りにくせのない油であれば、サラダ油などで代用しても結構です。

◎主材料：2種　◎手順：3ステップ　◎所要時間：約15分

ささ身の甜麺醤《テンメンジャン》炒め

甘みその風味に、角切りしょうががアクセント。

材料（2人分）
- 鶏ささ身…3枚
- しょうが…30g
- 太白ごま油…大サジ1杯
- 甜麺醤…大サジ1杯

A・黒コショー…少々　・日本酒…大サジ1杯　・粗塩…小サジ$\frac{1}{3}$杯　・片栗粉…小サジ$\frac{1}{2}$杯

作り方

1 ささ身はスジを取り、1.5cm角に切ります。バットに入れ、Aの材料を順にまぶします。

2 しょうがは皮をむいて1cm角に切り、庖丁の平らな部分で押さえてつぶします。

3 深めのフライパンに太白ごま油を入れて中火にかけ、ささ身を入れて、肉の色が変わるまで炒めます。甜麺醤を加え、全体にからめながら肉に火を通し、しょうがを加えてさっと炒め合わせて火を止めます。

メインおかず

◎主材料：2種　◎手順：4ステップ　◎所要時間：約15分

厚揚げとエリンギのピリ辛炒め

辛味を含んだ厚揚げ。食べごたえも充分です。

材料（2人分）
- 厚揚げ…1枚（約250g）
- エリンギ…2本
- 片栗粉…小サジ$\frac{1}{3}$杯
- 太白ごま油…大サジ$\frac{1}{2}$杯

A
- 豆板醤…小サジ1杯
- しょう油…小サジ1杯
- 黒コショー…少々

作り方

1 厚揚げは厚さ1cmに切り、切り口に片栗粉を振ります。

2 エリンギはタテにうす切りにします。

3 Aを混ぜ合わせます。

4 深めのフライパンに太白ごま油を入れて中火にかけ、厚揚げとエリンギを入れて、香りが立つまでじっくりと炒めます。3を加えて全体にからめ、火を止めます。

◎主材料：2種　◎手順：4ステップ　◎所要時間：約15分

ブロッコリーのねぎ和え

かためての食感と、焦がししょう油がポイント。

材料（2人分）
- ブロッコリー…1株
- 長ねぎ…1/2本
- 太白ごま油…大サジ1杯
- しょう油…大サジ1杯

作り方

1　ブロッコリーは小房に切り分けます。熱湯でかためにゆでて、水にさっとさらし、水気をよくきります。

2　長ねぎは斜めうす切りにします。

3　深めのフライパンに太白ごま油を入れて中火にかけ、長ねぎを入れて、うすく色づくまでじっくりと炒めます。しょう油をまわしかけ、香ばしい香りが立ったら火を止めます。

4　1と3を合わせて和えます。

◎主材料：1種　◎手順：2ステップ　◎所要時間：約10分

なすのみそ炒め

トロリとしたなすに、みそがよくからみます。

材料（2人分）
- なす…4〜5本
- 太白ごま油…大サジ1杯
- みそ…大サジ1杯
- 黒コショー…少々

作り方

1　なすはヘタを落とし、タテにうす切りにしてから細切りにします。

2　深めのフライパンに太白ごま油を入れて中火にかけ、なすを入れて、しんなりとするまで炒めます。みそを加えて全体にからめ、黒コショーを振って火を止めます。

※火が通ったなすから水分が出て、全体がしっとりとしたタイミングでみそを加えると、よくなじみます。

◎主材料：1種　◎手順：4ステップ　◎所要時間：約15分

じゃがいもの黒酢炒め

小気味よい歯触り。黒酢とにんにくで食が進みます。

材料（2人分）
- じゃがいも（メークイン）…2コ
- にんにく…1片　•太白ごま油…大サジ1杯　•黒酢…大サジ1杯
- 粗塩…小サジ1/5杯　•黒コショー…少々

作り方

1　じゃがいもは皮をむいてタテ長にうす切りにし、少しずらして重ねてタテに幅5㎜に切ります。

2　じゃがいもを水にさっとさらし、水気をきります。

3　にんにくは皮をむき、庖丁の平らな部分で押さえてつぶします。

4　深めのフライパンに太白ごま油を入れて中火にかけます。じゃがいもを入れて油がなじむまで軽く炒め、すぐに黒酢を加えて炒めます。じゃがいもが透き通ってきたら、粗塩で味をととのえ、にんにく、黒コショーで香りをつけ、火を止めます。

サブおかず

◎主材料：1種　◎手順：3ステップ　◎所要時間：約10分

小松菜の塩炒め

茎と葉を時間差で炒め、シャキッと仕上げます。

材料（2人分）
- 小松菜…1束
- 唐辛子…1本
- 太白ごま油…大サジ1杯
- 粗塩…小サジ1/3杯
- 黒コショー…少々

作り方

1　小松菜は長さ3㎝に切り、茎と葉に分けておきます。

2　唐辛子は長さ半分にちぎり、種を取り除きます。

3　深めのフライパンに太白ごま油と唐辛子を入れて中火にかけ、香りが立ったら1の茎を入れて、表面が透き通ってくるまで炒めます。葉を加えて軽く炒め、粗塩、黒コショーを振ってひと混ぜし、火を止めます。

◎主材料：2種　◎手順：3ステップ　◎所要時間：約25分

鶏手羽と玉ねぎのスープ

素材のうま味、甘味が溶け込んだ、じんわりしみ入るおいしさのスープです。

材料（2人分）
- 鶏手羽先…4本
- 玉ねぎ…2コ
- しょう油…大サジ1 1/2杯

A
- 日本酒…カップ1/2杯
- 黒粒コショー…10粒
- 水…カップ2杯

作り方

1 鶏手羽先は熱湯でさっと下ゆでし、水気をきります。

2 玉ねぎはヨコ半分に切ります。

3 鍋に、鶏手羽先、玉ねぎ、Aを入れて強火にかけます。煮立ったら弱火にしてフタをし、20分煮ます。しょう油を加え、火を止めます。

◎アレンジ

スペアリブと玉ねぎのスープ

鶏手羽先を使う代わりに、スペアリブ300gで作ります。手順1、2は右記と同様に。手順3で水の分量をカップ3杯にし、はじめにスペアリブのみ10分煮てから、玉ねぎを加えて20分煮ます。しょう油の代わりに粗塩小サジ1/3杯で味つけします。

◎主材料：2種　◎手順：3ステップ　◎所要時間：約10分

海苔と玉子のスープ

岩海苔がダシ代わり。ごま油がよく合います。

材料（2人分）
- 岩海苔（またはあおさ海苔）…2〜3g
- 玉子…2コ
- しょう油…大サジ$1\frac{1}{2}$杯
- ごま油…大サジ$\frac{1}{2}$杯
- 黒コショー…少々
- 水…カップ3杯

作り方

1 鍋に分量の水と岩海苔を入れて中火にかけます。煮立ったら弱火にし、フタをして1〜2分煮ます。

2 玉子はボールに割り入れ、菜箸でよく溶きほぐします。

3 1にしょう油を加え、溶き玉子をまわし入れて強火にします。ごま油と黒コショーを加え、ひと煮立ちしたら火を止め、玉子を余熱でふんわりと仕上げます。

◎主材料：2種　◎手順：3ステップ　◎所要時間：約20分

桜エビと長いものスープ

淡い風味と、長いもの食感を楽しみます。

材料（2人分）
- 桜エビ（乾燥）…2〜3g
- 長いも…300g
- ごま油…大サジ1杯
- 粗塩…小サジ$\frac{1}{3}$杯
- 黒コショー…少々
- 水…カップ3杯

作り方

1 鍋に分量の水と桜エビを入れて中火にかけます。煮立ったら弱火にし、フタをして10分煮ます。

2 長いもは皮をむき、大きめのひと口大の乱切りにします。

3 1に長いもを加え、フタをしてさらに5分煮ます。ごま油、粗塩、黒コショーを加え、火を止めます。

◎主材料：2種　◎手順：4ステップ　◎所要時間：約15分

トマトと玉子の丼

ふんわり焼いた玉子とジューシーなトマト。ほのかな甘さを加えた、濃厚なおいしさです。

材料（2人分）

- トマト…2コ（または小3コ）
- 玉子…3コ
- ご飯…丼2杯
- 片栗粉…小サジ1/2杯
- 太白ごま油…大サジ1杯

A

- 粗塩…小サジ1/3杯
- ハチミツ…小サジ1杯
- 黒コショー…少々

作り方

1　トマトはヘタを取り、ひと口大の乱切りにします。

2　玉子はボールに割り入れ、よく溶きほぐします。片栗粉は水大サジ1杯で溶きます。

3　深めのフライパンに太白ごま油を入れて中火で熱し、溶き玉子を流し入れます。フチが固まってきたら大きくゆっくり混ぜる、をくり返して8割ほど焼きます。

4　トマトを加え、カドが取れるまでよく炒めたら、Aを加えて混ぜます。続けて水溶き片栗粉をまわし入れ、トロミがついたら火を止めます。丼によそったご飯にのせます。

ここがポイント

トマトはくずさないように注意して炒め、火が通って、カドが丸くなったタイミングで味つけします。

じゃことねぎのチャーハン

◎主材料：3種　◎手順：3ステップ　◎所要時間：約15分

香ばしさ満点。黒酢が効いた、さわやかな風味です。

材料（2人分）
- ご飯…350g
- ちりめんじゃこ…20g
- 長ねぎ（あれば青い部分）…10cm
- 太白ごま油…大サジ1杯
- 日本酒…大サジ2杯
- 黒酢…大サジ2杯
- 黒コショー…少々

作り方

1 長ねぎは小口切りにします。

2 深めのフライパンに太白ごま油を入れて中火で熱します。ちりめんじゃこを入れてさっと炒め、すぐに日本酒と黒酢を加えます。水分がほぼなくなるまでよく炒めます。

3 ご飯を加えて弱めの中火にし、米粒をほぐしながら炒めます。ご飯がパラリとしたら、黒コショー、長ねぎを加えて混ぜ、火を止めます。

鶏ひき肉のラーメン

◎主材料：3種　◎手順：3ステップ　◎所要時間：約15分

ひき肉をしっかり炒め、うま味を引き出します。

材料（2人分）
- 中華麺…2人分
- 鶏ひき肉（もも）…150g
- 細ねぎ…3～4本
- 太白ごま油…大サジ1/2杯
- 日本酒…大サジ1杯
- しょう油…大サジ2杯
- 黒コショー…少々
- ごま油…小サジ1杯
- 水…カップ4杯

作り方

1 細ねぎは小口切りにします。

2 鍋に太白ごま油を入れて中火にかけ、鶏ひき肉を入れて、肉の色が変わるまでよく炒めます。日本酒、しょう油を加えて香りが立ったら、水を加えます。煮立ってから5分煮て、黒コショーとごま油を加えます。

3 中華麺は商品の表示通りにゆでて、湯をよくきって器に入れます。2を注ぎ、細ねぎをのせます。

ご飯・麺類

◎煮込んで味わい深く　◎調理約15分＋煮込み約50分

煮豚と煮玉子

八角と黒酢を加えてじっくり煮込むことで、風味よく、さっぱりとしたおいしさに。

材料（4〜5人分）

- 豚バラ肉（ブロック）…600g
- 玉子…6コ
- しょうが…1片

A

- 長ねぎ（青い部分）…10cm
- 八角…1コ
- 日本酒…カップ1杯
- 黒酢…大サジ1/2杯
- 水…カップ1杯

B

- しょう油…大サジ3杯
- ハチミツ…大サジ1杯

作り方

1　小鍋に玉子とかぶる位の水を入れて強火にかけます。煮立ったら中火にし、7分ほどゆでます。水に浸して冷まし、カラをむきます。

2　豚バラ肉は厚さ2cmに切り、しょうがは皮つきのままうす切りにします。豚肉を熱湯でさっと下ゆでして水気をきります。

3　鍋に豚肉、しょうが、Aを入れて強火にかけます。煮立ったら弱火にし、フタをして20分煮ます。

4　Bとゆで玉子を加え、フタをしてさらに30分煮て火を止めます。

ここがポイント

4

肉が充分に柔らかくなってから調味料を加えると、よくしみ込みます。

◎煮込んで味わい深く　◎調理約15分＋煮込み約20分

大きな肉団子と野菜の煮込み

肉汁があふれ出る、ふんわり柔らかな肉団子。
ごろっと大きめの野菜も、柔らかく煮上がります。

材料（2〜3人分）
- 豚ひき肉…300g
- じゃがいも…2コ
- にんじん…1本
- 玉ねぎ…1コ
- 粗塩…小サジ1/2杯
- 黒コショー…少々
- 水…カップ2杯

A
- 玉子…1コ
- 黒コショー…少々
- 日本酒…大サジ1杯
- しょう油…大サジ1杯
- 生パン粉…50g
- ごま油…大サジ1/2杯

作り方

1　ボールに豚ひき肉を入れ、Aの材料を順に加えて、その都度よく練り混ぜます。4等分し、それぞれ団子状にまとめます。

2　じゃがいもは皮をむき、半分に切ります。にんじんは皮をむき、太ければタテ半分に切ってから、長さ半分に切ります。玉ねぎはヨコ半分に切ります。

3　深めのフライパンに分量の水を入れて中火にかけ、よく煮立たせてから1の肉団子を入れます。菜箸で肉団子を軽く転がし、表面が白っぽくなって固まったら、じゃがいも、にんじん、玉ねぎを加えます。

※肉団子は、湯が充分に沸いてから加えると、くずれにくくなります。

4　再び煮立ったら弱火にし、フタをして20分煮ます。粗塩、黒コショーで味をととのえ、火を止めます。

◎煮込んで味わい深く　◎調理約5分＋煮込み約1時間～70分

牛スネ肉のオイスターソース煮

かたいスネ肉も柔らかく、コク深く煮上がります。

材料（4～5人分）
- 牛スネ肉（シチュー用ブロック）…600g
- オイスターソース…大サジ2杯

A
- 日本酒…大サジ3杯
- 黒粒コショー…10粒
- 水…カップ1 1/2杯

作り方

1　牛スネ肉はひと口大に切り、熱湯でさっとゆでて水気をきります。

2　鍋に牛スネ肉とAを入れて強火にかけます。煮立ったら弱火にし、フタをして40～50分煮ます。

3　オイスターソースを加え、フタをしてさらに20分煮て火を止めます。

◎漬けてしみ込む　◎調理約15分＋漬け込み約30分

れんこんの甘酢漬け

ほのかな甘味、しょうがの香味がしみています。

材料（4人分）
・れんこん…400g　・しょうが…20g　・酢…大サジ1杯
A・黒酢…大サジ4杯　・日本酒…大サジ3杯　・ハチミツ…大サジ2杯　・粗塩…小サジ1/3杯
・黒コショー…少々

作り方
1 れんこんは皮をむき、食べやすく乱切りにします。
2 しょうがはせん切りにします。
3 鍋にカップ2 1/2杯の湯を沸かして酢を加え（濃度約3%）、れんこんを入れて7〜8分ゆでます。ゆで上がる前に、小鍋にしょうがとAを入れて強火にかけ、煮立ったら火を止めます。
4 れんこんの湯をよくきってボールに移し、3の漬け汁を注いで混ぜ合わせます。30分ほどおき、粗熱が取れたら出来上がりです。

◎煮込んで味わい深く　◎調理約10分＋煮込み約20分

里いものシンプル煮

抑えた味つけで、里いものうま味を引き出します。

材料（4人分）
・里いも…8〜10コ
・ごま油…大サジ1杯
・粗塩…小サジ1/3杯
・粗挽き黒コショー…少々
・水…カップ1杯

作り方
1 里いもは皮をむき、大きければ半分に切ります。
2 鍋にごま油を入れて中火にかけ、里いもを入れて、さっと炒めて油をなじませます。分量の水を加え、煮立ったらフタをして20分煮ます。
※途中で様子を見て、焦げつきそうになったら湯を足します。
3 粗塩、粗挽き黒コショーを加えて混ぜ合わせ、火を止めます。

サブおかず

◎煮込んで味わい深く　◎浸水約1時間＋煮込み約1時間

黒米のお粥

トロリと煮込んだ黒米は、やさしい甘さです。

材料（2人分）
- 黒米…カップ2/3杯
- 水…カップ5杯

作り方

1　深めの鍋に黒米と分量の水を入れ、1時間ほどおきます。

2　1を強火にかけ、煮立ったら弱火にしてフタをします。ときどきかき混ぜながら、1時間煮て火を止めます。

※吹きこぼれそうになったら、火をさらに弱めます。

◎煮込んで味わい深く　◎浸水約30分＋煮込み約40分

押し麦のお粥

なめらかで、プリッとした食感が楽しめます。

材料（2人分）
- 押し麦…カップ2/3杯
- 水…カップ5杯

作り方

1　深めの鍋に押し麦と分量の水を入れ、30分ほどおきます。

2　1を強火にかけ、煮立ったら弱火にしてフタをします。ときどきかき混ぜながら、40分煮て火を止めます。

※吹きこぼれそうになったら、火をさらに弱めます。

◎煮込んで味わい深く　◎調理約15分＋煮込み約55分

鶏肉のヨーグルトカレー

たっぷりのヨーグルトとトマトを煮込むだけ。深みのある味わいのカレーが、手軽に作れます。

材料（4～5人分）
- 鶏もも肉…2枚
- プレーンヨーグルト…400g
- トマト…2コ
- 玉ねぎ…1コ
- 市販のカレールウ…5人分
- 水…カップ1/2杯

作り方

1 鶏もも肉は余分な脂身を取り除き、大きめのひと口大に切ります。トマトは乱切りに、玉ねぎはセンイにそってうす切りにします。

2 鍋に、鶏肉の皮を下にして並べ、弱火にかけます。肉から脂が出てきたら、トマト、玉ねぎ、分量の水を加えて強火にします。煮立ったら弱火にし、フタをして20分煮ます。

3 ヨーグルトを加えて混ぜ、フタをしてさらに30分煮ます。

4 いったん火を止めてカレールウを割り入れ、均一の濃度になるよう、混ぜて溶かします。再び弱火にかけ、軽くトロミがついたら火を止めます。

作り置き

◎保存：保存容器で冷蔵2～3日ほど　◎展開度：★★★☆☆

蒸し鶏

蒸すだけで、しっとりとジューシーなおいしさに。

材料（作りやすい分量）
- 鶏もも肉…4枚
- 粗塩…大サジ1杯
- 黒コショー…少々

作り方

1 鶏もも肉は余分な脂身を取り除きます。身側を中心に塩・コショーし、1時間ほどおきます。

2 鶏肉を、皮面が表になるようにロール状に丸めます。

3 蒸気の立った蒸し器にクッキングシートをしいて鶏肉を並べます。フタをして、中火で20分蒸します。火を止めてそのままおき、粗熱が取れたら出来上がりです。

※冷蔵保存する場合は、ラップで包んでから保存容器に入れます。

◎主材料：2種　◎手順：3ステップ　◎所要時間：約10分

展開料理

蒸し鶏と椎茸のコショー炒め

椎茸をよく炒め、しょう油を焦がしつけるのがコツ。

材料（2人分）
- 蒸し鶏…1枚分
- 椎茸…4枚
- 太白ごま油…大サジ1/2杯
- しょう油…大サジ2/3杯
- 粗挽き黒コショー…小サジ1/5杯

作り方

1 椎茸は石突きを落とし、半分に切ります。

2 蒸し鶏は2cm角に切ります。

3 深めのフライパンに太白ごま油を入れて弱火にかけ、椎茸と蒸し鶏を入れて、椎茸に火が通るまでよく炒めます。しょう油を鍋肌から加え、香りを立たせてから混ぜ合わせます。黒コショーを振り、ひと混ぜして火を止めます。

メインおかず

◎主材料：4種　◎手順：4ステップ　◎所要時間：約10分

展開料理

鶏飯

唐辛子の辛味とうま味、香味野菜が効いています。

材料（2人分）

- 蒸し鶏…1枚分
- 長ねぎ…10cm
- しょうが…1片
- 香菜…1本
- ご飯…丼2杯
- ごま油…大サジ1杯
- 粗挽き唐辛子粉（韓国料理用など辛味の弱いもの）…小サジ1杯
- しょう油…大サジ1 1/2杯

作り方

1　蒸し鶏はうす切りにします。

2　長ねぎ、しょうが、香菜はみじん切りにします。

3　深めのフライパンにごま油と唐辛子粉を入れ、よく混ぜてから中火にかけ、香りが立つまで炒めます。長ねぎ、しょうが、しょう油を加え、煮立ったら火を止めて、香菜を加えてひと混ぜします。

4　丼にご飯をよそって蒸し鶏をのせ、3をかけます。

作り置き

肉みそ

こっくりとしたおいしさ。ご飯のおともにも。

◎保存：密閉容器で冷蔵1週間ほど　◎展開度：★★★★☆

材料（作りやすい分量）

- 豚小間切れ肉…300g
- しょうが…1片
- 長ねぎ…10cm
- 太白ごま油…大サジ3杯
- 日本酒…大サジ2杯

A

- みそ…200g
- 甜麺醤《テンメンジャン》…100g
- 水…カップ1杯

作り方

1 豚肉は幅5mmに刻みます。しょうがと長ねぎはみじん切りにします。

2 ボールにAを混ぜ合わせます。

3 深めのフライパンに太白ごま油を入れて中火にかけ、豚肉を入れて、肉の色が変わるまで炒めます。日本酒、しょうがを加えて炒め合わせ、香りが立ってきたら2を加えます。中火のまま、混ぜながら煮詰めます。

4 カサが2/3量位になり、フライパンのフチに油が浮いてきたら、長ねぎを加えて混ぜ、火を止めます。

◎主材料：4種　◎手順：3ステップ　◎所要時間：約30分

展開料理

肉じゃが

煮汁を含んだ白滝が、もうひとつの主役。

材料（2人分）

- じゃがいも…2コ
- 玉ねぎ…1コ
- 白滝…1袋
- 肉みそ…大サジ4杯
- 水…カップ2/3杯

作り方

1 じゃがいもと玉ねぎは皮をむき、半分に切ります。

2 鍋にじゃがいもと玉ねぎ、肉みそ、分量の水を入れて強火にかけ、煮立ったら弱火にしてフタをします。途中で上下を返し、10分煮ます。

3 白滝の水気をきり、食べやすく切って2に加えます。フタをして、弱火でさらに10分煮て火を止めます。

◎主材料：4種　◎手順：4ステップ　◎所要時間：約25分

展開料理

豚汁

根菜の甘味に、肉みそがコクを加えます。

材料（3～4人分）
- ごぼう…1本
- にんじん…1本
- 長ねぎ…10㎝
- 肉みそ…大サジ4杯
- 水…カップ4杯

作り方

1 ごぼうはタワシで皮をよく洗い、すりこ木で軽くたたきつぶしてから、長さ3㎝に切ります。

2 にんじんは皮をむき、厚さ5㎜の輪切りにします。

3 長ねぎは小口切りにします。

4 鍋に分量の水、ごぼう、にんじんを入れて強火にかけ、煮立ったら弱火にし、フタをして10分煮ます。肉みそを加え、フタをしてさらに5分煮たら、長ねぎを加えて火を止めます。

◎主材料：6種　◎手順：4ステップ　◎所要時間：約15分

展開料理

ジャージャー麺

食感がよく、香味が口いっぱいにあふれます。

材料（2人分）
- 中華麺…2人分
- きゅうり…1本
- 青じそ…10枚
- 香菜…1～2本
- みょうが…2コ
- 肉みそ…大サジ4杯

作り方

1 きゅうりと青じそはせん切りにします。

2 香菜は長さ3㎝に切ります。

3 みょうがはうす切りにし、水にさっとさらして水気をきります。

4 中華麺は商品の表示通りにゆでて水にさらし、水気をよくきって器に盛ります。肉みそをかけ、1、2、3を合わせてのせます。

作り置き

万能ダレ

◎保存：密閉容器で冷蔵1週間ほど　◎展開度：★★★★★

何にかけてもよく合う、まさに万能のタレです。

材料（作りやすい分量）
- 長ねぎ…1本
- しょうが…50g
- にんにく…3片
- 太白ごま油…大サジ3杯
- ごま油…大サジ$\frac{1}{2}$杯
- 黒コショー…少々

A
- しょう油…カップ$\frac{2}{3}$杯
- 黒酢…カップ$\frac{1}{2}$杯

作り方

1　長ねぎ、しょうが、にんにくは、みじん切りにします。

2　深めのフライパンに太白ごま油と1を入れて中火にかけます。全体のカサが半分位になり、うすく色づくまで、じっくりと炒めます。

3　Aを加え、煮立ってから2分煮ます。ごま油と黒コショーを加え、ひと混ぜして火を止めます。

◎主材料：2種　◎手順：3ステップ　◎所要時間：約45分

展開料理

蒸し鶏の万能ダレがけ

淡白なむね肉も、アクセントの効いたひと品に。

材料（2人分）
- 鶏むね肉…1枚
- 万能ダレ…大サジ2杯

A
- 日本酒…大サジ3杯
- 塩…小サジ1杯
- 黒コショー…少々

作り方

1　鶏むね肉はAの材料を順にまぶし、20分おきます。

2　蒸気の立った蒸し器にクッキングシートをしいて鶏肉をのせ、フタをして中火で12分蒸します。火を止めて、そのまま10分おきます。

3　鶏肉をうす切りにして器に盛りつけ、万能ダレをかけます。

◎主材料：2種　◎手順：3ステップ　◎所要時間：約25分

展開料理 蒸し豆腐

なめらかさと深い香りで、あとを引くおいしさ。

材料（2人分）
- 絹ごし豆腐…1丁
- 万能ダレ…大サジ$1\frac{1}{2}$杯

作り方

1 豆腐は4等分に切ります。

2 蒸気の立った蒸し器にクッキングシートをしいて豆腐をのせ、フタをして中火で10分蒸します。火を止めて、そのまま10分おきます。

3 豆腐を器に盛りつけ、万能ダレをかけます。

◎主材料：2種　◎手順：3ステップ　◎所要時間：約20分

展開料理 蒸しかぼちゃ

タレがかぼちゃの甘味を引き立てます。

材料（3〜4人分）
- かぼちゃ…$\frac{1}{4}$コ
- 万能ダレ…大サジ2杯

作り方

1 かぼちゃはワタと種を除いて皮をむき、ひと口大に切ります。

2 蒸気の立った蒸し器にクッキングシートをしいてかぼちゃをのせ、フタをして中火で7〜8分蒸します。火を止めて、そのまま10分おきます。

3 かぼちゃを器に盛りつけ、万能ダレをかけます。

渡辺有子さんのシンプルレシピ

「料理は手際」という渡辺有子さん。さっと作るものや、じっくり作るもの。素材のおいしさを逃さないように考えられたレシピを教えていただきました。

料理　渡辺有子　写真　木村 拓　スタイリング　高橋みどり

「一番おいしい状態で仕上げましょう」

素材を生かすレシピと手際のよさがおいしさを作るのです

◎少ない材料で作るときの組み合わせ

あれこれと使わず、主材料2〜3種類で作るシンプルな料理の場合、まず材料の特徴を考えます。材料の存在感がはっきり出ますから、それぞれの役割を考えて、その効果を生かすようにするのです。食感よく仕上げるもの、風味や香りとなるもの、うま味で奥深さをもたせるものなど。たとえば、アサリとセロリのスープ（67頁）では、アサリのうま味と、セロリの香味や食感を生かして、あっさりとしたなかにも深みのあるおいしさに仕上げるような組み合わせにしています。

◎手早く作るための準備と下ごしらえ

手際よく、おいしい料理を作るには、材料や調味料など使う分をあらかじめ用意しておき、料理の流れを考えておくといった準備が必要です。そして、シンプルな味つけの料理ほど、「下ごしらえ」のひと手間が仕上がりに大きく影響します。肉や魚介など、素材によっては、省略せずにきちんとやるべき大切なことですし、さっと簡単にできることですから、ぜひ行ってください。

たとえば、エビとズッキーニの炒めもの（62頁）では、エビに塩、日本酒、片栗粉をまぶしてから炒めます。まぶした片栗粉のトロミで、エビがパサついたり、かたくなったりするのを抑え、さらに、全体の味をまとめる効果があります。そのまま炒めた場合とでは、断然おいしさに違いがあるのです。

また、忙しいときのために、ダシをまとめてとっておくのがおすすめです。わたしは、かつおダシを冷蔵庫にストックしています。1ℓほどのお湯を沸かし、かつおぶしふたつかみを入れ、ひと呼吸おいたら火を止めます。そのまましばらくおき、かつおぶしが沈んできたら、キッチンペーパーをしいたザルで漉します。ちょっとした煮もの、みそ汁やスープなどいろいろと使えて便利です。

◎厚手の鋳鉄鍋があると重宝します

煮込み料理やオーブン料理では、単に時間だけでなく、使う道具も大切な役割を果たします。わたしが重宝しているのが、厚手の鋳鉄鍋。「ストウブ」の鍋を使っています。熱を蓄えて材料全体にじっくりと伝え、蒸気を閉じ込める。しっかりとした重い本体とフタが、長時間煮込む料理を簡単に、よりおいしいものにしてくれます。さらに、フタをしてオーブンにも入れられるから、豚肉と根菜のロースト（72頁）のような、鍋で作る蒸し焼き、「ポットロースト」もおいしく作れます。

渡辺有子さんの夕食作りの段取り

――「牛スネ肉のシチュー」メインの献立

じっくりとシチューを煮込んでいる間に、ほかの2品を作り、さらに別の家事も行えます。

この日のメニュー

◎牛スネ肉のシチュー（レシピは71頁）

◎カリフラワー炒め（レシピは82頁）

◎にんじんじゃこサラダ（レシピは66頁）

◎バゲット

スタート

1　まずはシチューから

時間をかけて煮込むシチューから始めます。牛スネ肉をひと口大に切って常温にもどしておき、その間に野菜を切ります。ほかの2つの料理の野菜もまとめて切っておきます。

10分後

2　煮込む前に火を入れる

シチューは、鍋の中で牛肉をしっかりと焼きつけてから取り出し、同じ鍋で野菜を蒸し炒めにします。材料の持ち味を引き出すこのひと手間が、おいしさを左右します。

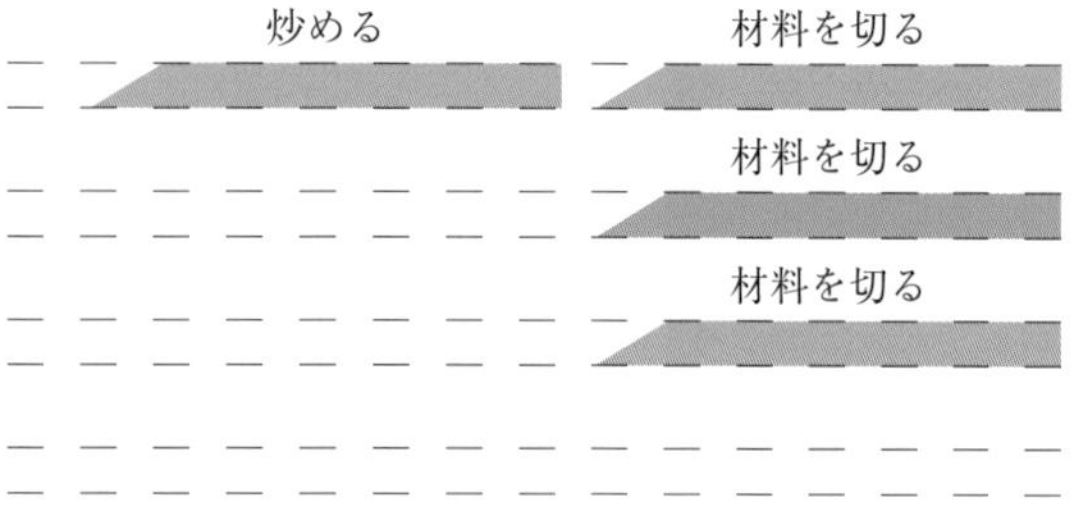

手際のよさのコツ

1　牛スネ肉を切り、常温にもどしておきます。使う野菜は一度に切ってしまい、ボールなどに分けておきます。サラダの野菜は、湿らせたキッチンペーパーなどをかけておくとよいでしょう。

2　シチューを煮込む前に、ここで急がずにこのひと手間。牛スネ肉は、しっかりと表面を焼きつけることで、煮込んでもパサつかず柔らかく仕上がります。

2　牛肉を焼きつけた肉汁の入った鍋で、野菜を蒸し炒めにします。1で野菜をきちんと用意しておくことで、タイミングを逃さず調理することができます。

28分後

3　フタをして弱火にかける

牛肉を鍋に戻し、粗塩、トマトの水煮、赤ワイン、水、ローリエ、バターを加えたら、あとはフタをして、弱火で煮込んでいきます。

70分後

4　シチューの味見と煮込み

ここでシチューの味見をし、粗塩、黒コショーで味をととのえ、さらに煮込みます。

―煮込んでおく―

110分後

5　ほかの2品を作り始める

シチューが煮上がる20分ほど前になったら、サラダとカリフラワー炒めを進めます。サラダは、切った野菜とじゃこをボールに合わせておきます。しんなりしてしまわないよう、味つけは食卓に出す直前にします。炒めものは、手早く作れるよう、しょうがカレーペーストを用意しておきます。

120分後

6　カリフラワーを炒める

作り置きのしょうがカレーペーストをからませながら、カリフラワーを炒めます。ここでバゲットを切ってトーストしておきます。

125分後

7　サラダを仕上げる

今回はドレッシングを作らずに、オリーブ油と酢、粗塩、黒コショーをかけて和え、シンプルに仕上げます。シチューを煮終わったら火を止めます。

献立の4品を一緒に仕上げるために、煮込み料理の出来上がりに合わせて段取りよくほかの料理を作ります。

4　シチューは、40分ほど煮たら味見をして、味をととのえます。ここではやや控えめに味つけをして、ここからさらに、じっくりと弱火で1時間煮込みます。その間にほかの料理や家事をすることができます。

6　炒めものは、何よりできたてをいただくのが一番。さっと仕上がるサラダと同時に食卓に出せるよう、最後に火を入れて調理します。

7　サラダに使う野菜は、最初にほかの野菜と一緒にまとめて切っておきますが、塩気を加えると水分が出てしんなりしまうので、味つけは最後に。シャキッとした状態で食卓に出します。

◎主材料：2種　◎手順：4ステップ　◎所要時間：約15分

エビとズッキーニの炒めもの

食感のよい組み合わせ。エビにまぶした片栗粉が味をまとめ、みずみずしく仕上がります。

材料（2人分）

- エビ（大正エビ、ブラックタイガーなど）…8尾
- ズッキーニ…1本
- にんにく…$\frac{1}{2}$片
- 唐辛子…1本
- 粗塩…適量
- 日本酒…大サジ1杯
- 片栗粉…小サジ$1\frac{1}{2}$杯
- ごま油…小サジ2杯

作り方

1　エビは塩水で洗ってカラをむき、背に切れ目を入れて背ワタを取り除きます。水気を拭いてボールに入れ、粗塩少々と日本酒を振り、片栗粉を加えてよくまぶします。

2　ズッキーニは乱切りに、にんにくと唐辛子はみじん切りにします。

3　フライパンにごま油をひいて中火にかけ、にんにくと唐辛子を炒めます。香りが立ってきたら、ズッキーニを加えて炒めます。

4　ズッキーニに七～八分通り火が通ったら、エビを加えてさらに炒め、エビに火が通ったら、粗塩で味をととのえます。

ここがポイント

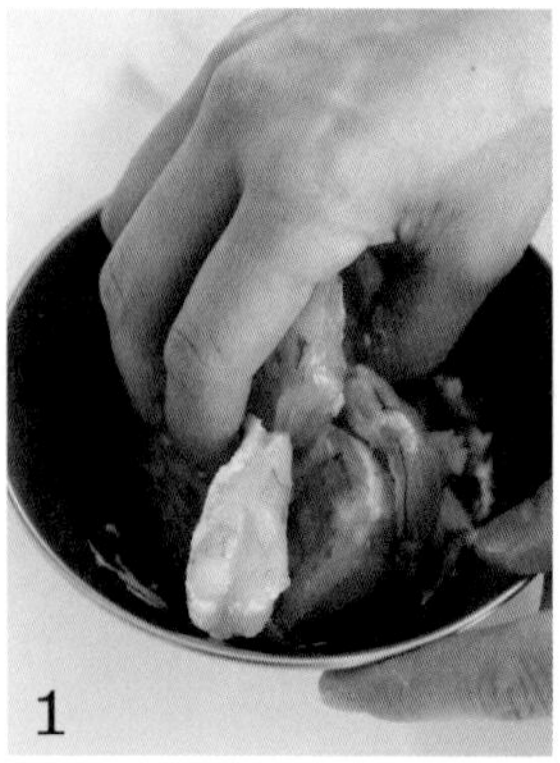

1

炒める前にちょっとしたひと手間を。粗塩、日本酒、片栗粉をまぶします。エビがパサついたりせず、プリッと食感になります。シンプルなレシピだからこそ、この差が仕上がりを左右するのです。

※味つけに使用する塩について。炒めものなどで塩だけで味つけするものや、素材の味を引き出すものには粗塩を、煮ものなどでダシなど水分のあるものや、仕上げの味の調節に使う場合には溶けやすく粒子の細かい塩を使用しています。

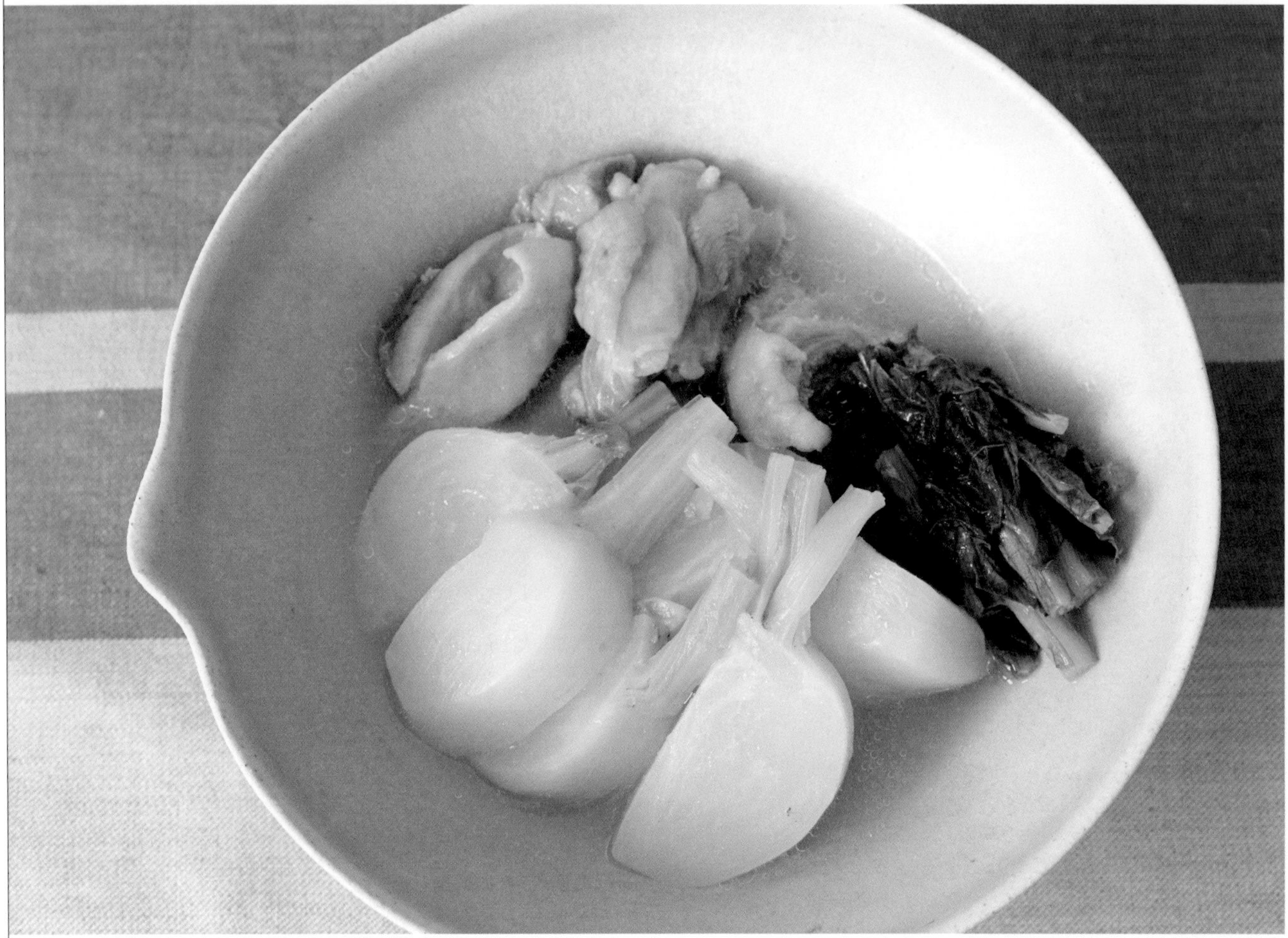

◎主材料：2種　◎手順：3ステップ　◎所要時間：約15分

鶏とかぶのさっと煮

切ったかぶは火が入りやすく、トロッと仕上がります。鶏のうま味がいきわたる、やさしい味わいのひと品。

材料（2人分）
- 鶏むね肉…1枚
- かぶ…2コ
- かつおダシ（59頁）…300㎖
- 塩…適量
- 日本酒…大サジ1杯
- 片栗粉…小サジ$1\frac{1}{2}$杯

作り方

1　鶏むね肉は余分な脂を取り除き、8等分位に切ってボールに入れ、塩少々と日本酒を振り、片栗粉を加えてまぶしておきます。

2　かぶは1cmほど茎を残して皮をむき、4等分のクシ形に切ります。葉は長さ4cmに切ります。

3　鍋にダシを入れて中火にかけ、ひと煮立ちさせます。鶏肉を加えてひと呼吸おいてかぶを加え、弱めの中火でかぶが柔らかくなるまで10分ほど煮ます。葉を加えてさっと煮て、味をみて足りなければ塩でととのえます。

※かつおダシはすぐにとれるので、その都度とるのがおすすめですが、まとめてとっておくと、さっと作れて便利です。

ここがポイント

かぶは、実の部分と葉を時間差で鍋に入れると、ちょうどよく煮上がります。また鶏肉は、右頁のエビと同様に、塩、日本酒、片栗粉をまぶしてから火を入れることで、ふっくらジューシーに煮上がります。

◎主材料：2種　◎手順：3ステップ　◎所要時間：約15分

アンチョビ粉ふきいも

味つけはアンチョビだけ。黒コショーがアクセント。

材料（2人分）
- じゃがいも…3コ
- アンチョビフィレ…6切れ
- 黒コショー…適量

作り方

1　じゃがいもは4等分に切って皮をむき、さっと水にさらします。水気をきって鍋に入れ、かぶる位まで水を加えて中火にかけ、串がスッと通る位まで10分ほどゆでます。ゆですぎると粉ふきにしたとき崩れるので注意します。

2　アンチョビは細かく刻みます。

3　1の湯を捨てて中火にかけ、鍋をゆすり、ヘラでいもをやさしく動かしながら水分をとばして粉ふきにします。火を止めてアンチョビを手早く全体にからめ、仕上げに黒コショーをたっぷりと振ります。

◎主材料：1種　◎手順：2ステップ　◎所要時間：約10分

れんこんの塩炒め

タテに切って、食感と食べごたえを楽しむひと品に。

材料（2人分）
- れんこん…200g
- みりん…小サジ2杯
- ごま油…小サジ2杯
- 粗塩…適量

作り方

1　れんこんは皮をむき、タテに長さ7～8cm、2～3cm角位の棒状に切ります。5分ほど酢水（分量外）にさらし、洗って水気をきります。

2　フライパンにごま油をひいて中火で熱し、1を入れて火が通るまで炒め、みりんを加えてからめます。粗塩を振って味をととのえます。

サブおかず

サブおかず

◎主材料：3種　◎手順：3ステップ　◎所要時間：約15分

焼ききのこのオイル和え

きのこの味わいを生かし、パセリの香りを効かせます。

材料（2人分）
- 椎茸…6枚
- エリンギ…2本
- パセリ
…5g（刻んで大サジ1杯分）
- オリーブ油…大サジ2杯
- 粗塩…2つまみ

作り方

1　椎茸は石突きを取って半分に、エリンギは長さ半分に切ってタテ3枚に、パセリはみじん切りにします。

2　コンロで焼きアミを使って、またはオーブントースターで椎茸とエリンギを素焼きにします。火が通ってしんなりしたら焼き上がり。焼き過ぎないよう注意します。

※素焼きにすることで、きのこのうま味を生かし、ジューシーに仕上げることができます。

3　バットなどに2を並べ、パセリと和えてオリーブ油をまわしかけ、粗塩を振ってなじませます。

◎主材料：2種　◎手順：3ステップ　◎所要時間：約15分

半熟ゆで玉子のチーズソース

トロリと濃厚。黒コショーが味を引き締めます。

材料（2人分）

- 玉子…2コ
- カマンベールチーズ…120g
- 生クリーム…80㎖
- オリーブ油…小サジ1杯
- 黒コショー…適量

作り方

1　鍋に湯を沸かし、玉子を沸騰した湯に入れて7分ほどゆでて半熟玉子を作り、カラをむきます。

2　玉子をゆでている間に、カマンベールチーズを2㎝角ほどに刻み、別の小鍋にオリーブ油とともに入れて弱火にかけ、生クリームを加えてゆっくり混ぜながら溶かし、2〜3分煮詰めます。

3　器に2のソースをしき、玉子をのせて黒コショーを振ります。

◎主材料：3種　◎手順：2ステップ　◎所要時間：約10分

にんじんじゃこサラダ

香り豊かな素材を組み合わせたシンプルサラダ。

材料（2人分）

- にんじん…1本
- ちりめんじゃこ…大サジ3杯
- パセリ
  …5g（刻んで大サジ1杯分）
- オリーブ油…大サジ1½杯
- 酢…大サジ1杯
- 粗塩、黒コショー…各適量

作り方

1　にんじんは皮をむいてチーズおろしなどで細長くおろすか、庖丁で細長いせん切りに、パセリはみじん切りにします。

2　ボールに1とじゃこを入れ、オリーブ油をまわしかけてから、酢、粗塩、黒コショーを加え、混ぜ合わせます。

◎主材料：2種　◎手順：4ステップ　◎所要時間：約20分

アサリとセロリのスープ

あっさりとしたなかにも、香りとコクがしっかり。

材料（2人分）

・アサリ（カラつき）…250g
・セロリ（茎）…1本分　・セロリ（葉）…$\frac{1}{2}$本分　・しょうが…1片　・ごま油…小サジ$1\frac{1}{2}$杯　・日本酒…小サジ2杯　・塩…適宜
・水…300㎖

作り方

1　砂抜きしたアサリをよく洗い、水気をきります（※）。

2　セロリの茎はスジを取りうす切りに、葉は粗く刻みます。しょうがは皮つきのままみじん切りにします。

3　鍋にごま油としょうが、セロリの葉を入れて弱火でゆっくり炒めます。アサリ、セロリの茎を加えて日本酒を振り、フタをして蒸します。

4　アサリが開いたら水を加え、フタをして弱めの中火にします。フツフツしてきたら弱火にして5分煮ます。味をみて塩で味をととのえます。

※アサリは3％の塩水（500㎖の水に大サジ1杯の塩がめやす）に3〜4時間ほどつけて砂抜きします。

◎主材料：3種　◎手順：4ステップ　◎所要時間：約20分

玉子チャーハン ダシあんかけ

具はねぎと玉子だけでシンプルに。
やさしい和風仕立てで食が進みます。

材料（2人分）

- ご飯…300g
- 玉子…2コ
- 長ねぎ…5cm
- 太白ごま油（またはサラダ油）…小サジ2杯
- 粗塩…適量
- かつおダシ（59頁）…250mℓ
- 日本酒…小サジ1杯
- みりん…小サジ2杯
- 塩…2つまみ
- うす口しょう油…小サジ1/2杯
- 片栗粉…大サジ1杯

作り方

1　玉子はボールに割りほぐし、長ねぎはみじん切りにします。

2　フライパンに油を入れて強火で熱します。長ねぎ、ご飯を加えてよく炒め、パラッとしてきたら玉子を加えてさらによく炒め、粗塩で味をととのえて火を止めます。

3　小鍋にかつおダシ、日本酒、みりんを入れ、中火にかけてひと煮立ちさせ、塩、うす口しょう油で味をととのえます。弱めの中火にし、倍量の水で溶いた片栗粉を加えてよく混ぜ、トロミをつけます。

4　器に2を盛り、3をチャーハンのまわりにそっと注ぎます。

◎主材料：2種　◎手順：2ステップ　◎所要時間：約15分

チーズと黒コショーのパスタ

コクと香りがおいしい、器で合わせるシンプルパスタ。

材料（2人分）

・スパゲティ…180g
・パルミジャーノチーズ…40g
・オリーブ油…大サジ2杯
・黒コショー…適量

作り方

1 鍋にたっぷりの湯を沸かし、塩（分量外）を加えて、スパゲティを商品の表示より2分短くゆでます。パルミジャーノチーズは粉状にすりおろし、器は温めておきます。

※粉状のパルメザンチーズでも代用できますが、チーズがメインのパスタなので、本場のパルミジャーノ・レッジャーノのブロックタイプをすりおろして使うのがおすすめです。

2 2つの器に、おろしたチーズを1/4量ずつ入れます。ゆで上がったスパゲティを、水気を少し残すように湯きりして器に盛り、オリーブ油を半量ずつまわしかけ、残りのチーズもそれぞれにのせて、黒コショーをたっぷりと振ります。

◎煮込んで味わい深く　◎下ごしらえ約15分＋煮込み約30分

レンズ豆とベーコンのハーブ煮

ベーコンのコクでいっそう滋味深い味わい。

材料（2人分）
•レンズ豆（乾燥）…80g
•ベーコン（ブロック）…60g
•にんじん…1/2本
•玉ねぎ…1/4コ　•タイム…4～5本　•バター…25g　•白ワイン…大サジ2杯　•粗塩、黒コショー…各適量　•水…120㎖

作り方

1　レンズ豆はよく洗い、鍋にたっぷりの湯を沸かして10分ほどゆでてザルに上げます。

2　玉ねぎは粗みじん切りに、にんじんは皮をむいて1cm角に、ベーコンは8㎜角の棒状に切ります。

3　鋳鉄などの厚手の鍋を中火にかけてバターを熱し、2とタイムを炒めて粗塩少々を振ります。

4　フタをして2～3分蒸し煮にしてから白ワイン、1、水を加えます。フツフツしてきたら粗塩、黒コショーで味をととのえ、フタをしてごく弱火にして30分ほど煮込みます。

◎煮込んで味わい深く　◎下ごしらえ約15分＋煮込み約100分

牛スネ肉のシチュー

牛スネ肉を柔らかく煮込んで、深みのある仕上がりに。香味野菜の風味も効いたひと品です。

材料（4人分）

・牛スネ肉…400g　・玉ねぎ…1/2コ　・セロリ…1本　・にんじん…1/2本　・オリーブ油…大サジ2杯　・トマトの水煮（缶・ホール）…300ml　・赤ワイン…カップ1杯　・ローリエ…1枚　・バター…20g　・粗塩、黒コショー…各適量　・水…カップ1杯

作り方

1　牛スネ肉は12等分に切り、常温にもどします。にんじんと玉ねぎは皮をむき、セロリはスジを取って、すべて半月のうす切りにします。

2　鋳鉄などの厚手の鍋にオリーブ油を中火で熱し、牛肉をよく焼きつけて取り出します。1の野菜を加えてしんなりするまでよく炒めます。粗塩少々を振り、フタをして弱火で3〜4分蒸し炒めにします。

3　中火にして、牛肉を鍋に戻し、全体に粗塩を振って炒め合わせます。

4　トマトの水煮、赤ワイン、水、ローリエ、バターを加えて混ぜ、フタをしてさっとひと煮したら、ごく弱火にして40分ほど煮込みます。途中で汁気が足りなくなりそうな場合は、水を少量加えます。

5　味をみて、粗塩、黒コショーでととのえ、フタをしてさらに1時間煮込みます。

ここがポイント

牛スネ肉は煮込む前に、しっかりと表面に焼き目をつけます。こうすることで、煮込んでもしっとりと仕上がります。このとき出た肉汁はそのままにして野菜を加え、うま味を生かします。

◎焼いて香ばしく　◎下ごしらえ約15分＋オーブン約50分

豚肉と根菜のロースト

鍋ごとじっくりとオーブンで焼く、ジューシーなポットローストです。

材料（2〜3人分）
- 豚肩ロース肉（ブロック）…450g
- れんこん…150g
- 里いも…小4コ（約240g）
- にんにく…1片
- オリーブ油…大サジ1杯
- 粗塩、黒コショー、ハチミツ…各小サジ1杯
- 白ワイン…40mℓ

作り方

1　豚肉は粗塩、黒コショーをまぶします。にんにくは皮をむき6枚に切ります。豚肉に、間隔をあけて6カ所に切り込みを入れ、にんにくを刺して常温にもどしておきます。

2　れんこんは皮つきのまま1cm厚さの半月切りにして、酢水（分量外）にさらします。里いもは皮をむき、塩（分量外）で揉んでから洗って水気をきります。

3　オーブンに入れられる鋳鉄などの厚手の鍋にオリーブ油を入れ、強火でよく熱します。1を入れてときどき返しながら、肉の表面全体にしっかりと焼き色をつけます。

4　中火にしてれんこんと里いもを肉の下と周囲に入れ、白ワインとハチミツを加え、フタをして火を止めます。

5　170℃に予熱したオーブンに鍋を入れ、50分ほど蒸し焼きにします。豚肉を1.5cmほどの厚さに切って根菜とともに器に盛り、根菜に黒コショーを振ります。

ここがポイント

オーブンに入れる前に、豚肉の表面をしっかりと焼きつけます。鍋で蒸し焼きにするポットローストは、しっとりジューシーに仕上がるうえ、焼きつけることで香ばしさも味わえます。

◎煮込んで味わい深く　◎下ごしらえ約10分＋煮込み約90分

ポトフ

肉と野菜のうま味を合わせます。
食べごたえもありながら、やさしい味わいです。

材料（2〜3人分）
- 豚バラ肉（ブロック）…300g
- にんじん…1本
- じゃがいも…2コ
- セロリ…1本
- 玉ねぎ…1コ
- ローリエ…1枚
- 白ワイン…カップ1杯
- 塩…適量（小サジ1杯めやす）
- 水…300mℓ

作り方

1　鍋に湯を沸かします。豚肉は6等分に切り、一度さっとゆでて湯を捨て、再び同様にさっとゆでます。

2　にんじん、じゃがいもは皮をむき、にんじんはタテ半分、ヨコ半分に、じゃがいもは半分に切って、ともに面取りをします。セロリはスジを取って葉と茎を切り分け、茎は長さ4等分に、葉は食べやすい大きさに切ります。玉ねぎは皮をむき、芯を落とさずにタテ4等分に切ります。

3　鋳鉄などの厚手の鍋に塩以外の材料をすべて入れ、フタをして弱めの中火にかけ、沸いてきたらごく弱火にします。30分ほどしたら塩を加えて味をととのえ、さらに1時間煮込みます。

ここがポイント

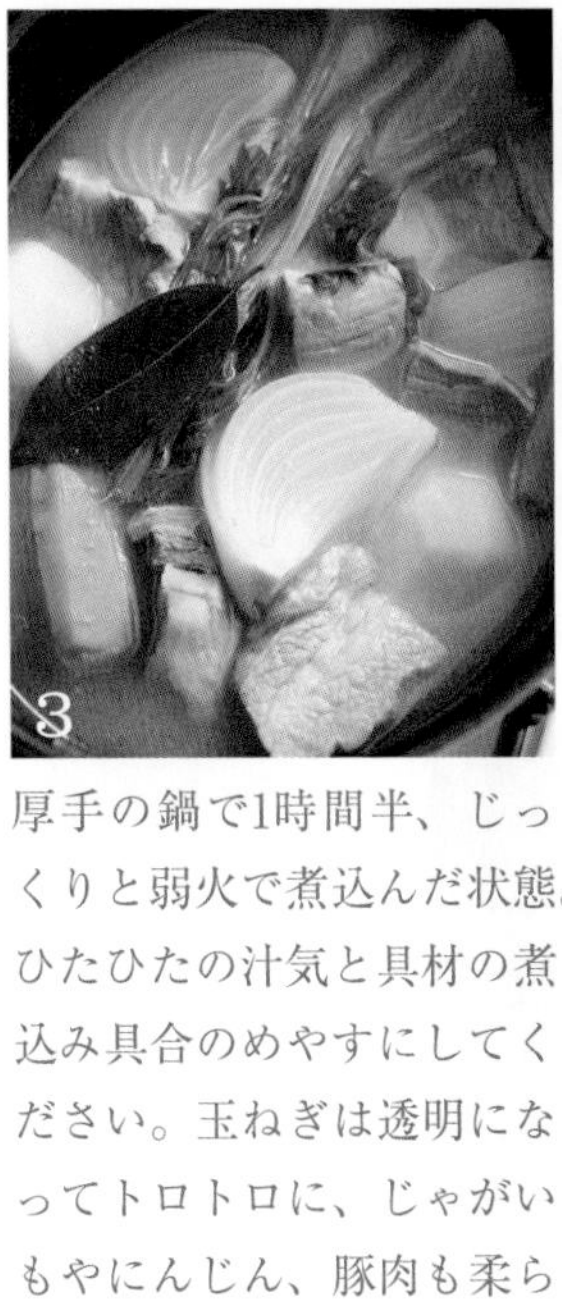

厚手の鍋で1時間半、じっくりと弱火で煮込んだ状態。ひたひたの汁気と具材の煮込み具合のめやすにしてください。玉ねぎは透明になってトロトロに、じゃがいもやにんじん、豚肉も柔らかく仕上がります。

◎焼いて香ばしく　◎下ごしらえ約10分+オーブン約50分

うす切りポテトのグラタン

ベシャメルソースなしでできるシンプルなグラタン。

材料（直径15cmの耐熱皿1枚分）

- じゃがいも…3コ
- にんにく…1/3片
- 生クリーム…150mℓ
- パルミジャーノチーズ（またはピザ用チーズ）…15g
- 塩…小サジ1/3杯

作り方

1　じゃがいもは皮をむき、うす切りにします。

2　にんにく、パルミジャーノチーズはすりおろします。

3　じゃがいもに塩とにんにくをまぶします。

4　耐熱皿にじゃがいもの1/3量を、少しずつ重ねながら広げて並べ、生クリームの1/3量を注ぎます。これをもう2回くり返します。

5　パルミジャーノチーズを上面全体に振り、170℃に予熱したオーブンに入れて、焼き色がつくまで50分ほど焼きます。

◎漬けてしみ込む　◎漬け込み一晩＋調理約15分

鮭の甘酒漬け焼き

香ばしく焼いた鮭にしみ込んだ、
甘酒の風味がじんわり効いています。

材料（2人分）

- 生鮭…2切れ
- 甘酒…50㎖
- みそ…大サジ1$\frac{1}{2}$杯
- すだち…1コ

作り方

1　生鮭は水洗いし、キッチンペーパーなどで押さえて水気を取ります。

2　ボールにみそと甘酒を入れてよく混ぜ、バットなどに半量入れて広げます。1を置いて、上から残りの半量をかけ、ラップを密着させて冷蔵庫で一晩ほど漬け込みます。

3　表面をさっと洗い流して水気を拭き、魚焼きグリルで弱火で焼くか、クッキングシートをしいたフライパンで、焦げないように弱火で両面を焼きます。器に盛って、半分に切ったすだちを添えます。

ここがポイント

3

肉や魚などの漬け焼きは、漬けたみそなどが焦げないように注意して焼きます。フライパンで焼くときは、クッキングシートをしいた上に魚をのせて、弱火で焼きます。

◎漬けてしみ込む　◎下ごしらえ約20分＋漬け込み半日〜一晩

根菜の洋風揚げびたし

香ばしさと酸味のバランスがよい洋風仕立て。

材料（作りやすい分量）
- れんこん…100g
- にんじん…1/2本
- ごぼう…1本　・大根…100g
- サラダ油…適量

A
- ローリエ…1枚
- 白ワインビネガー（または酢）…カップ1/2杯　・きび砂糖…大サジ2杯　・塩…小サジ1/2杯
- 水…カップ1/2杯

作り方

1 根菜は皮をむき、長さ6〜7cm、1.5cm角ほどの棒状に切ります。

2 鍋にAを入れて中火にかけ、ひと煮立ちさせて火を止めます。

3 1の根菜を少なめの油で揚げ焼きにし、アミに上げます。

4 3を2に浸し、半日〜一晩ほどおいて味をなじませます。

◎焼いて香ばしく　◎下ごしらえ約5分＋オーブン約40〜50分

かぶの丸焼き

柔らかくジューシーなかぶを、生ハムの塩気と一緒に。

材料（2人分）
- かぶ…4コ
- オリーブ油…大サジ1 1/2杯
- 粗塩…適量
- 生ハム…2枚

作り方

1 かぶは、茎を少し残して葉と切り分け、皮をむきます。

2 耐熱皿にかぶを並べてオリーブ油をまわしかけ、170℃に予熱したオーブンで40〜50分焼きます。

3 器に盛って粗塩を振り、食べやすく切った生ハムを添えます。

◎煮込んで味わい深く　◎下ごしらえ約20分＋煮込み約40分

いろいろ野菜のスープ

いくつもの野菜の風味と香り、食感が合わさり、奥深いおいしさに仕上がります。

材料（2〜3人分）
- 玉ねぎ…1/2コ
- にんじん…1本
- じゃがいも…1コ
- キャベツ…1/6コ
- ミニトマト…6コ
- オリーブ油…大サジ1杯
- カレー粉…小サジ1/2杯
- ローリエ…1枚
- 粗塩、黒コショー…各適量
- 水…カップ2杯

作り方

1　玉ねぎ、にんじん、じゃがいもは皮をむいて、キャベツとともに1cm角に切ります。ミニトマトはヘタを取って4等分に切ります。

2　厚手の鋳鉄などの鍋にオリーブ油を入れて中火で熱し、1を入れてざっと炒めます。粗塩を2つまみとカレー粉を振り、フタをして弱火にし、10分ほど蒸し炒めにします。

3　ローリエと水を加え、フタをしてごく弱火で40分ほど煮込みます。途中で味をみて、粗塩と黒コショーで味をととのえます。

◎アレンジ
野菜のポタージュ

出来上がったスープを、フードプロセッサーやハンドブレンダーなどにかけて、すべての野菜をなめらかになるまでつぶせば、クリーミーなポタージュになります。食感が変わって、まったく違った味わいに。

作り置き

◎保存：保存容器で冷蔵4～5日ほど　◎展開度：★★★★☆

ゆで鶏

最後は余熱で火を通すのがポイント。
パサつかず、ふっくらジューシーに仕上がります。

材料（作りやすい分量）
- 鶏もも肉…2枚
- しょうが…2片
- 長ねぎ（青い部分）…1本分
- あれば香菜（根の部分）…1本分
- 粗塩…適量
- 水…カップ$3\frac{1}{2}$杯

作り方

1　鶏肉は余分な脂を取り除き、洗ってキッチンペーパーで水気を拭き取ります。表面全体に、粗塩を手ですり込みます。しょうがは洗って、皮つきのまま薄切りにします。

2　鍋に1と長ねぎ、あれば香菜、水を入れ、中火にかけます。フタをして15分ほど弱めの中火にかけます。アクを取ってから火を止め、フタをしてそのまま冷まします。余熱でじっくりと熱が入って仕上がります。

※ゆで汁はよいダシです。とっておいて、左頁の麺料理などに使います。

ここがポイント

煮ている間はフタをし、火を止めて余熱を入れるときもフタをしておきます。水分と香りをしっかりと保ち、ふっくらと仕上がります。

◎主材料：2種　◎手順：2ステップ　◎所要時間：約10分

展開料理 チキンサラダ

ヨーグルトのさわやかな風味を効かせます。

材料（2人分）

- ゆで鶏…1枚
- アボカド…1コ
- マヨネーズ…大サジ1杯
- プレーンヨーグルト…大サジ2杯
- 粗塩、黒コショー…各適量

作り方

1 ゆで鶏はひと口大に切ります。アボカドは実をタテ半分に切り分けて、庖丁の刃元の角を種に刺して取り、皮をむいてひと口大に切ります。

2 ボールに1を入れ、マヨネーズ、ヨーグルト、粗塩を加えて和え、器に盛って、黒コショーを振ります。

◎主材料：3種　◎手順：4ステップ　◎所要時間：約15分

展開料理 鶏のスープ麺

具もスープも作り置きでできる、ベトナム風ヌードル。

材料（2人分）

- フォー（平打ち米粉麺）…160g
- ゆで鶏…1枚
- ゆで鶏のゆで汁…カップ3杯
- 香菜…適量
- ナムプラー…大サジ1杯
- レモン…2切れ
- 黒コショー…適量

作り方

1 鍋にゆで鶏のゆで汁を入れ、中火にかけてひと煮立ちさせ、ナムプラーを加えて味をととのえます。

2 フォーは商品の表示通りにゆで、湯をきります。

3 ゆで鶏は幅1cm位に切ります。

4 器に2を入れて熱い1を注ぎ、ゆで鶏、香菜の葉、レモンをのせ、黒コショーを振ります。

作り置き

きのこペースト

◎保存：保存容器で冷蔵1週間ほど　◎展開度：★★★★★

きのこのうま味に香味が効いて、幅広く使える一品。

材料（作りやすい分量）
- 椎茸…6枚
- マッシュルーム…8コ
- エリンギ…2本
- にんにく…1/2片
- 唐辛子…1本
- パセリ…2本
- オリーブ油…大サジ5杯
- 塩…小サジ1/2杯

作り方

1 きのこはすべて石突きを取り、にんにくは皮をむき、唐辛子はヘタと種を取ります。パセリとともにすべてフードプロセッサーにかけます。包丁で切る場合は、できるだけ細かいみじん切りにします。

2 鍋にオリーブ油と1を入れ、焦げつかないよう、ヘラで混ぜながら、中火で12分ほど炒め煮します。

3 塩を加え、強めの中火にしてさらに5分ほど炒め煮します。

◎主材料：2種　◎手順：3ステップ　◎所要時間：約20分

展開料理

きのこソースパスタ

きのこペーストがあれば、さっと作れる簡単パスタ。

材料（2人分）
- スパゲティ…180g
- きのこペースト…大サジ8杯
- オリーブ油…大サジ1杯
- 塩、黒コショー…各適量

作り方

1 スパゲティはたっぷりの湯に塩を加えて、商品の表示通りにゆでます。

2 ゆでている間に、フライパンにオリーブ油を弱めの中火で熱し、きのこペーストを入れて温め、スパゲティのゆで汁大サジ4杯を加えて混ぜます。

3 ゆで上がったスパゲティを加えてさっとからめ、塩、黒コショーで味をととのえます。仕上げにオリーブ油少々（分量外）をまわしかけます。

◎主材料：4種　◎手順：3ステップ　◎所要時間：約20分

展開料理

魚介ときのこのワイン蒸し

定番のワイン蒸しを、きのこでひと工夫。

材料（2人分）

- きのこペースト…大サジ6杯
- エビ（大正エビ、ブラックタイガーなど）…8尾
- イカ…1パイ
- ミニトマト…6コ
- にんにく…1/2片
- 白ワイン…大サジ2杯
- オリーブ油…大サジ1杯

作り方

1　エビは塩水で洗ってカラをむき、背に切れ目を入れて背ワタを取り除きます。イカは皮とワタを取り除いて水で洗い、胴は輪切りに、脚は長さ4〜5cmに切ります。にんにくは庖丁の腹などで押さえてつぶし、ミニトマトはヨコ半分に切ります。

2　鍋にオリーブ油とにんにくを入れて中火にかけ、香りが立ったら、エビとイカを入れてさっと炒めます。

3　白ワイン、ミニトマト、きのこペーストを加えて混ぜ、フタをして弱火で10分ほど蒸し煮にします。

作り置き

◎保存：保存ビンなどで冷蔵2週間ほど　◎展開度：★★★★☆

しょうがカレーペースト

たっぷりのしょうがの香味で本格派の味わいに。

材料（作りやすい分量）
- しょうが…1パック（約90g）
- にんにく…1片
- カレー粉…大サジ1杯
- 粗塩…小サジ2/3杯
- 黒コショー…小サジ1/2杯
- 酢…大サジ1杯
- ハチミツ…小サジ2杯
- ごま油…小サジ1杯

作り方

1 しょうがとにんにくは皮をむいてすりおろします。

2 ボールに1とほかの材料をすべて入れ、よく混ぜ合わせます。

◎主材料：3種　◎手順：3ステップ　◎所要時間：約10分

展開料理

カリフラワー炒め

シャキッとした食感。スパイシーに仕上げます。

材料（2人分）
- カリフラワー…小1/2株
- 玉ねぎ…1/6コ
- しょうがカレーペースト…小サジ2杯
- オリーブ油…小サジ2杯
- 塩…少々

作り方

1 カリフラワーは小房に切り分けます。玉ねぎは皮をむいてみじん切りにします。

2 浅鍋かフライパンにオリーブ油を熱し、玉ねぎを入れて弱火で透き通るまで炒めます。

3 カリフラワーを加えて中火でよく炒めてから、しょうがカレーペーストを加えてさっと炒め、塩を加えて味をととのえます。

◎主材料：2種　◎手順：4ステップ　◎漬け込み2時間以上＋オーブン約25分

展開料理 漬け込みスパイシーチキン

漬け込んで焼くだけでできる、タンドリーチキン風。

材料（2人分）
- 鶏もも肉…2枚
- しょうがカレーペースト…大サジ$1\frac{1}{2}$杯
- 粗塩…少々
- プレーンヨーグルト…大サジ3杯
- クレソン…適量

作り方

1 鶏肉は余分な脂を取り除き、粗塩を軽く振ります。

2 保存用ポリ袋にしょうがカレーペーストとヨーグルトを入れて混ぜ合わせ、1を入れてよく揉み込み、冷蔵庫で2時間〜半日漬け込みます。

3 オーブンを200℃に予熱し、天板にクッキングシートをしいて2をのせ、25分ほど焼きます。

4 器に盛り、クレソンを添えます。

作り置き

塩レモン

酸味と塩気、香りも豊かな万能調味料です。

◎保存：保存ビンなどで冷蔵、長期保存可　◎展開度：★★★★★

材料（作りやすい分量）
- レモン（皮も使うので、国産無農薬栽培のもの、できれば有機栽培のものが望ましい）…3コ（約450g）
- 粗塩…約45g（レモン重量の10％）

作り方

1　レモンをよくこすり洗いしてヘタを除き、水気をよく拭きます。密閉できる保存ビンを煮沸消毒して、乾かしておきます。

2　レモンを皮ごと8等分のクシ形に切ります。保存ビンに、レモンと塩を交互に数回に分けて入れます。フタを閉め、ビンをゆすって塩を全体にいきわたらせます。

※保存ビンは、塩と酸に強いものを使用します。冷蔵庫に入れて熟成させ、1日1回はビンをゆすって塩とレモンを混ぜます。3週間〜1カ月ほどで使い始めることができます。

展開料理

タラの塩レモン焼き

コショーを効かせ、レモンも一緒にいただきます。

◎主材料：3種　◎手順：3ステップ　◎所要時間：約40分

材料（2人分）
- 生タラ…2切れ
- さつまいも…1/2本
- 塩レモン…4切れ
- 塩レモン果汁…小サジ2杯
- オリーブ油…大サジ1杯
- 黒コショー…適量

作り方

1　タラは洗って水気を拭き、全体に塩レモン果汁を振って20分ほどおき、出てきた水分を拭き取ります。さつまいもはいちょう切りにします。

2　鍋に湯を沸かし、さつまいもをかために下ゆでしてザルに上げます。

3　オーブンを180℃に予熱し、天板にクッキングシートをしいてタラとさつまいもを並べます。タラに塩レモンを2切れずつのせて、オリーブ油をかけ、黒コショーを振り、15分ほど焼きます。

◎主材料：4種　◎手順：3ステップ　◎所要時間：約10分

展開料理 白身魚の塩レモンカルパッチョ

さわやかな酸味と塩気が、淡白な魚にぴったり。

材料（2人分）
- 白身魚（タイ、ヒラメなど刺身用）…100g
- 生ワカメ（乾燥ワカメをもどしたものでも可）…10g
- ミニトマト…2コ
- 塩レモン…1切れ
- 塩レモン果汁…小サジ2杯
- オリーブ油…適量

作り方

1　ワカメはさっと洗って水につけてから、水気をきって小さめに切ります。

2　白身魚と塩レモンの皮をうす切りにします。ミニトマトは輪切りにします。

3　皿に白身魚とミニトマトを少し重ねて並べ、1をのせます。塩レモン果汁を全体に振り、塩レモンの皮を散らして、オリーブ油をまわしかけます。

飛田和緒さんのシンプルレシピ

野菜をたっぷり加えた肉料理や魚料理をメインにした、一汁一菜の献立が多いという飛田さん。忙しいときにも無理なく作れて、家族みんなが喜ぶ家庭の味を教えていただきました。

料理　飛田和緒　写真　木村 拓　スタイリング　高橋みどり

「旬の食材は、シンプルな
味つけが一番おいしい」

季節の食材や、作り置けるものを組み合わせます

◎旬の食材を使う

シンプルなメニューほど、素材そのものの味がおいしさの決め手となります。栄養豊富でうま味が多い、旬の野菜や魚を使うよう心がけましょう。メニューを決めるときは、まず食材が旬のものかどうかを考えます。旬のものは、お店で目立つように並んでいて、安いものです。レシピの素材が季節外れの場合は、旬のもので代用しましょう。「揚げ野菜のマリネ」（93頁）は、夏ならなす、かぼちゃ、ピーマン、冬は根菜などで作ると、その季節ならではのおいしさが楽しめます。

◎揚げものを活用

揚げものは、油がはねて台所が汚れたり、後片付けが面倒で敬遠されがちですが、単純な作業で簡単に火が入る便利な調理法です。一度に数種類を揚げて、いくつかのメニューに活用しましょう。たとえば、衣つきの肉を揚げる前に、油が汚れにくい野菜を素揚げして、付け合わせにしたり、マリネ液に漬け込んで、翌日以降にいただきます。残った揚げ油は、キッチンペーパーなどで漉して、光と空気に触れないよう密封して、冷暗所で保存すれば、揚げ油や炒め油として2週間ほど使えます。

◎水ダシを常備

料理の度にダシをとるのは大変です。冷蔵庫に入れておくだけでできる、水出しのダシをまとめてとっておくと便利です。粗削りのかつおぶし1つかみと、昆布10㎝角2枚を容器に入れて水2ℓを注ぎ、冷蔵庫で一晩おくと、冷蔵庫で丸2日間持つダシがとれます。一度水出ししたかつおぶしと昆布は、水1.5ℓと火にかけ、煮立ったら昆布を出して5〜6分煮て漉すと二番ダシがとれます。焼きあごや、煮干し1つかみでも同様にできます。昆布に焼きあごや煮干しを組み合わせても結構です。

◎作り置きならではのおいしさ

作りたてがおいしい料理とは別に、作ってから時間がたつほどにおいしくなるものがあります。たとえばきのこは、鮮度がよければさっと焼くだけで充分おいしいものですが、生のまま冷蔵庫で何日もおくと傷んでしまいます。そこで、使わなかった分は「きのこのオイル漬け」（110頁）にします。油で煮てから漬けることで、うま味が濃くなり、シャキッとした食感が出て、味もまろやかになります。同じ食材でも、こうした調理の違いを生かしてレパートリーを増やしましょう。

飛田和緒さんの夕食作りの段取り
——「豚肉のみそ漬け焼き」メインの献立

前日から漬けておいた肉やきのこを使って時間を短縮。土鍋でご飯を炊く間に仕上げる献立です。

この日のメニュー

◎豚肉のみそ漬け焼き(レシピは103頁)
◎ねぎねぎサラダ(レシピは96頁)
◎きのこと豆腐のスープ(レシピは111頁)
◎土鍋ご飯

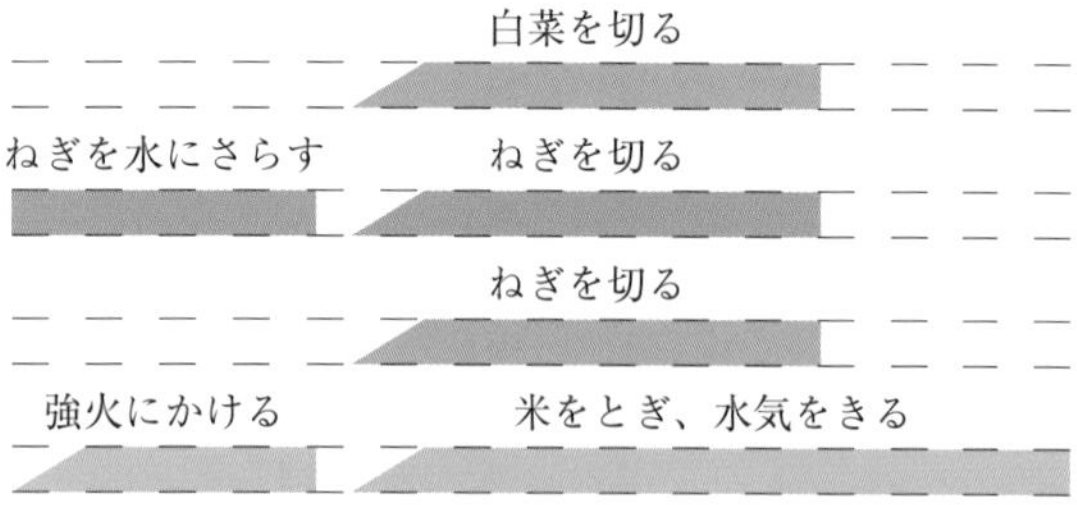

スタート

1　米をとぎ、水気をきる

米をとぎ、ザルに上げ、水気をきります。

5分後

2　野菜を切る

長ねぎの外側は白髪ねぎにしてサラダに、芯は小口切りにしてスープに使います。サラダの細ねぎと、肉の付け合わせの白菜も切ります。白髪ねぎと細ねぎは、水にさらしておきます。

12分後

3　土鍋を火にかける

土鍋に米と、米より少し多い位の水を入れ、強火にかけます。

手際のよさのコツ

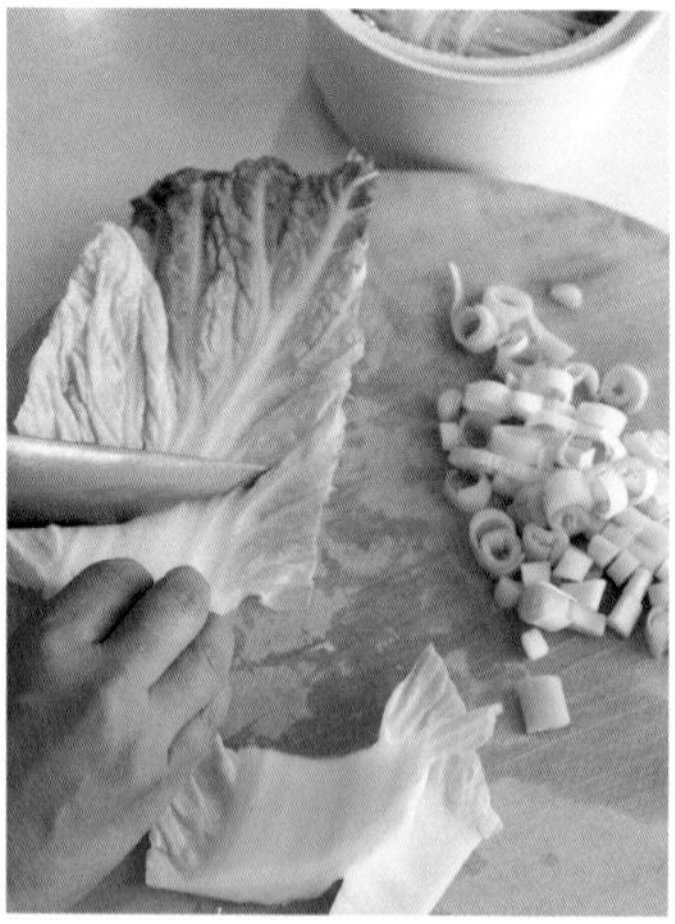

2　野菜はまとめて切ります。長ねぎは、外側をサラダに、芯をスープに使います。切ってすぐ鍋に入れるものは、ボールなどに移さず、まな板の上から入れれば、洗い物が減ります。

3　土鍋で炊くご飯は、30分ほどで仕上がり、おいしいものです。炊飯専用の土鍋を使えば、吹きこぼれの心配もなくじょうずに炊けます。

5　土鍋の火を止めて、ご飯を蒸らす間に、スープ、豚肉を同時進行で火にかけます。豚肉が焦げないよう、目を離さないようにします。

22分後

4 土鍋を弱火にする

土鍋が沸騰したら、弱火にし、7〜8分炊きます。

30分後

5 肉とスープを火にかける

土鍋の火を止めて、10分間蒸らします。みそに漬けておいた豚肉をフライパンに入れ、両面を焼きます。同時に、作り置きの水ダシを鍋に入れ、火にかけます。

35分後

6 肉を蒸し焼きにする

肉に焼き目がついたら、肉の下に白菜をしき、フタをして蒸し焼きにします。ダシの鍋に小口切りにした長ねぎを入れます。

38分後

7 スープに具を加え、ドレッシングを作る

肉を蒸し焼きしている間に、作り置きしておいた「きのこのオイル漬け」と、切った豆腐をスープに加え、ドレッシングを作ります。

40分後

8 スープを仕上げる

豚肉の火を止めます。スープに塩で味つけをして、火を止めます。

43分後

9 ドレッシングをかける

水気をきっておいたねぎを器に盛ります。ドレッシングをまわしかけます。

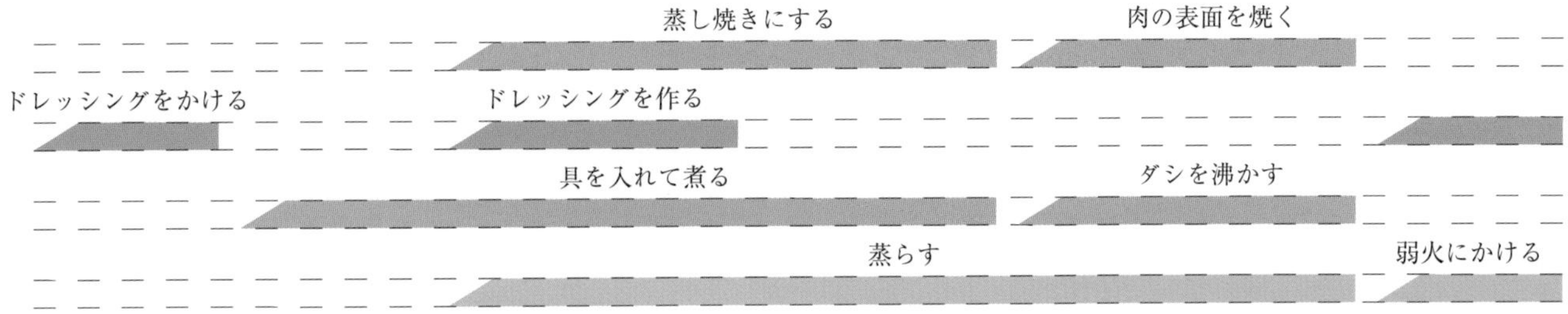

6 豚肉は、蒸し焼きにすると、しっかりと中まで火が通ります。白菜を下にしいてから蒸し焼きにすることで、みその焦げを防ぎ、付け合わせも同時に出来上がります。

7 作り置きのものを使うと調理時間を短縮できます。「きのこのオイル漬け」は、味とうま味がしっかりとついているので、調味料をあれこれ加えなくても、味が手早く決まります。

9 しょう油とごま油を同割りで混ぜるだけの和風ドレッシングは、覚えておくと便利です。豚肉を蒸し焼きにしている間に作っておき、食べる直前にかけます。

切るものは最初にまとめて切ります。土鍋ご飯を蒸らす間に、2品を一緒に火にかけて仕上げます。

◎主材料：2種　◎手順：4ステップ　◎所要時間：約15分

豚のしょうが焼き

しょうがの効いた甘辛味を肉によくからませます。野菜を一緒に焼いて、付け合わせも同時に仕上げます。

材料（2人分）

- 豚ロース肉（しょうが焼き用）…6枚
- 長ねぎ（白い部分）…1本
- 片栗粉…大サジ1杯
- 塩…適量
- サラダ油…大サジ1杯

A
- しょうが…1片分
- しょう油…大サジ$1\frac{1}{2}$杯
- 日本酒…大サジ$1\frac{1}{2}$杯
- 砂糖…大サジ$1\frac{1}{2}$杯

作り方

1　長ねぎは長さ4cmに切ってから、タテ半分に切ります。しょうがをすりおろし、小さめの容器にAを混ぜ合わせておきます。豚肉は一枚一枚にうすく片栗粉をまぶします。

2　フライパンを中火で熱してサラダ油大サジ$\frac{1}{2}$杯をひき、長ねぎを炒め、しんなりしたら、軽く塩を振って取り出します。

3　同じフライパンにサラダ油大サジ$\frac{1}{2}$杯を足して、肉を焼きます。一度に全部入れず、表面がカリッとしたものは取り出し、順に焼きます。

4　フライパンに肉と長ねぎを合わせてAをまわしかけ、からませます。

ここがポイント

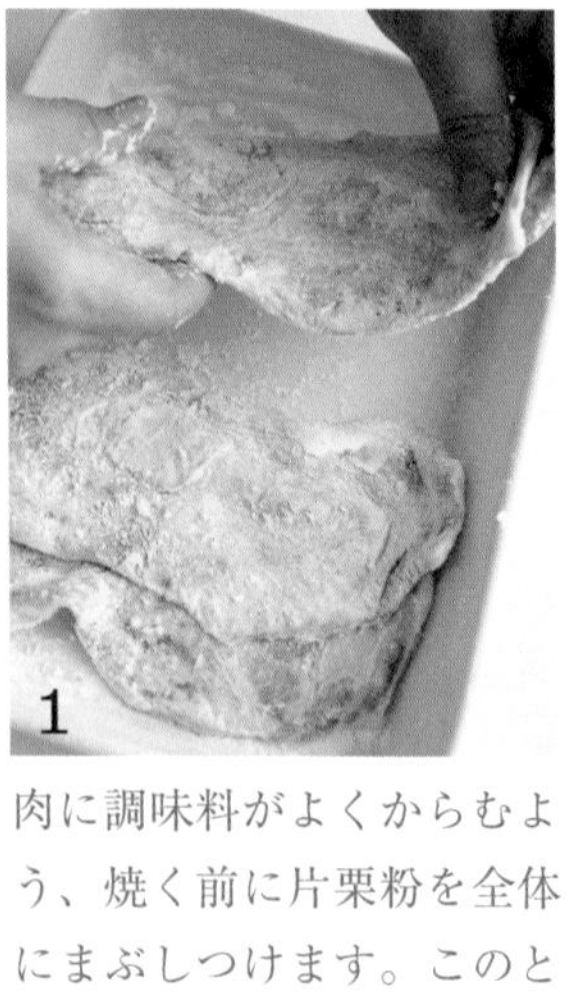

肉に調味料がよくからむよう、焼く前に片栗粉を全体にまぶしつけます。このとき、つけ過ぎるとダマになるので、なるべくうすく、均一につけます。バットなどに肉を広げて片栗粉を振りかけ、余分な粉は手ではたきます。

◎主材料：3種　◎手順：3ステップ　◎所要時間：約15分

ポークチョップ

しょう油入りのケチャップ味がご飯によく合います。

材料（2人分）

- 豚ロース肉（豚カツ用）…2枚
- 玉ねぎ…1/2コ
- ピーマン…1コ　•サラダ油
- にんにく（うす切り）…1/2片分
- 薄力粉、塩、コショー…各適量

A
- ケチャップ、水…各大サジ2杯
- しょう油、砂糖…各小サジ2杯

作り方

1 豚肉は、脂身と肉の境3カ所位に庖丁の先を当ててスジ切りします。塩・コショー少々を振り、薄力粉をうすくまぶします。玉ねぎは6等分のクシ切りにし、ほぐしておきます。ピーマンはひと口大に切ります。

2 フライパンに油大サジ1/2杯をひいて中火で野菜を炒め、火が通ったら、軽く塩をして取り出します。

3 油小サジ1杯を足して肉を焼き、両面がこんがり焼けたら2を戻して、合わせたAを加えてからめます。

◎主材料：1種　◎手順：3ステップ　◎所要時間：約20分

マグロのステーキ

マグロの漬けに、乾物をまぶして香ばしく。

材料（2人分）

- マグロ…1さく（約200g）
- にんにく…1/2片
- しょう油…大サジ2杯
- オリーブ油…大サジ1杯

A
- 海苔（細かくちぎる）…1枚分
- かつおぶし…6g
- 白ごま…大サジ1杯

作り方

1 バットに、すりおろしたにんにくと、しょう油を混ぜ合わせ、マグロを漬けます。ときどき返しながら15分ほど漬け込みます。

2 別のバットにAを混ぜ合わせ、1の表面全体にしっかりとつけます。

3 フライパンを中火で熱してオリーブ油をひき、2を焼きつけます。衣がはがれないように返して両面を焼き、切り分けて盛ります。

※さっと焼いても、じっくりと中まで火を通すように焼いても結構です。

◎主材料：2種　◎手順：4ステップ　◎所要時間：約15分

きのこ巻き肉天

うす切り肉で肉厚なエリンギを巻いて、ふんわりと柔らかい衣で包んだ天ぷらです。

材料（2人分）

- 豚ロース肉（うす切り）…8〜10枚
- エリンギ…1本
- 塩…小サジ1/4杯
- 揚げ油…適量
- 天ぷら粉…カップ1/3杯

※天ぷら粉は、薄力粉カップ1/3杯と玉子1/2コで代用できます。

作り方

1　肉は一枚一枚広げて塩をまぶします。エリンギは長さ半分に切ってからタテ4〜5等分に切ります。

2　肉1枚に、切ったエリンギひとつをのせて巻きます。

3　天ぷら粉に、同量よりやや少なめの冷水を加えて溶きます（または玉子に冷水カップ1/4杯を加えて溶き、薄力粉を加えて軽く混ぜます）。

4　3の衣に2をくぐらせて、170℃の油で揚げます。3〜4分揚げ、衣がサクッと軽くなったら引き上げ、油をよくきって盛りつけます。好みで、塩やしょう油をつけていただきます。

ここがポイント

揚げ油と衣に温度差があるとカラリと揚がります。衣が冷たいうちに、具をさっとくぐらせて揚げましょう。一度にたくさん入れると油の温度が下がってしまうので、何度かに分け、様子を見ながら揚げます。

◎主材料：3種　◎手順：4ステップ　◎所要時間：約15分

鶏の一枚揚げ

肉を揚げる前に、野菜を揚げて付け合わせに。

材料（2人分）
- 鶏もも肉…2枚（1枚150g）
- さつまいも…4cm
- ごぼう…10cm
- 塩…小サジ1/2杯
- 粉山椒…小サジ1/2杯
- 片栗粉、揚げ油…各適量

作り方

1 鶏もも肉はていねいに脂を取り除き、厚みのあるところは庖丁で切れ目を入れ、キッチンペーパーなどでしっかりと水分を取ります。

2 塩と粉山椒を全体に振り、片栗粉をしっかりとまぶしつけます。

3 さつまいもは厚さ1cmの輪切りに、ごぼうは長さ半分に切り、タテ半分に切ります。

4 170℃の油で、野菜を素揚げしてから、鶏肉を1枚ずつ各4〜5分揚げます。油をよくきり、食べやすい大きさに切って器に盛ります。

◎主材料：3種　◎手順：3ステップ　◎所要時間：約25分

揚げ野菜のマリネ

甘酸っぱいマリネ液にダシを加えた和風の味つけです。

材料（2〜3人分）
- なす…3本
- れんこん…200g
- かぼちゃ…1/8コ
- 揚げ油…適量

A
- しょう油、砂糖、酢…各大サジ4杯
- 水ダシ（87頁）…カップ1/2杯強

作り方

1 野菜は食べやすい大きさに切り、なすとれんこんは水に5分ほどさらし、水気をしっかりと拭き取ります。容器にAを混ぜ合わせておきます。

2 180℃の油で、なすから揚げます。切り口がきつね色になってきたら引き上げ、Aに漬けます。油の温度を170℃に落とし、れんこん、かぼちゃの順に揚げて、引き上げたら、すぐにAに漬けます。

3 途中で上下を返して10分ほど漬けます。冷蔵庫で3日位持ちます。

◎主材料：2種　◎手順：4ステップ　◎所要時間：約20分

ツナとかぶの煮もの

ツナを汁ごと加える、ダシいらずの煮ものです。
くったりと煮えたかぶに、茎の歯ごたえがアクセント。

材料（2人分）
- かぶ（茎つき）…大3コ（450g）
- ツナ…1缶（80g）
- しょう油…大サジ2杯
- 砂糖…大サジ2杯
- 塩…適量

作り方

1　かぶは茎を落とし、皮つきのまま4等分にします。

2　鍋にかぶを入れ、ツナ缶を汁ごと加えます。ヒタヒタよりも少なめになるよう水を足し、砂糖を加え、フタをして、弱めの中火で煮ます。

3　かぶが柔らかくなってきたら、しょう油を加えて中火にし、フタをせずに煮汁を煮詰めるようにして味を含ませます。

4　かぶの茎は小口切りにし、塩ゆでして、しっかりと水気をしぼります。3を器に盛り、茎を散らします。

ここがポイント

ツナ缶は、汁ごと加えると、ダシを使わなくてもうま味が出ます。油漬け、水煮どちらでも結構です。ツナの代わりにホタテ貝柱の缶詰を使ってもおいしく、ツナとホタテ貝柱の両方を入れると深みのあるうま味になります。

◎主材料：2種　◎手順：3ステップ　◎所要時間：約15分

きゅうりとささ身の炒めもの

きゅうりの種を取り除き、シャキッと炒めます。

材料（2人分）
- きゅうり…3本
- 鶏ささ身…2本
- にんにく、しょうが…各1/2片
- ナムプラー…小サジ1/2杯
- 塩、黒コショー、片栗粉…各適量
- ごま油…少々
- サラダ油…小サジ2杯

作り方

1　きゅうりはタテ半分に切り、種の部分をスプーンでかき出し、ひと口大の乱切りにします。にんにく、しょうがはみじん切りにします。

2　ささ身は、白く飛び出たスジを除きます。ひと口大に切り、塩を軽く振って片栗粉をうすくまぶします。

3　フライパンを中火で熱してサラダ油をひき、ささ身を炒め、白くなったら1を加えて炒め合わせます。塩、黒コショーを軽く振り、ナムプラーを加え、ごま油をたらします。

◎主材料：2種　◎手順：3ステップ　◎所要時間：約15分

里いもの薬味炒め

ねっとりとした里いもに、香ばしい薬味がからみます。

材料（2人分）
- 里いも…大5コ（400g）
- 長ねぎ（青い部分含む）…10cm
- しょうが…1片
- 塩…小サジ1/4杯強
- サラダ油…大サジ1杯

作り方

1　里いもは、皮をむいて厚さ1cmに切り、耐熱容器に入れてラップをかけ、電子レンジで3〜4分加熱します（下ゆでしても、蒸し器で蒸しても結構です）。

2　長ねぎは小口切りに、しょうがはみじん切りにします。

3　フライパンを中火で熱してサラダ油をひき、長ねぎを炒め、しんなりとしたら里いも、しょうがを加えて炒め、塩で味をととのえます。

◎主材料：3種　◎手順：3ステップ　◎所要時間：約15分

エビのアボカド和え

レモンとタバスコが効いたさわやかな和えもの。

材料（2人分）
- むきエビ…8尾　・アボカド…1コ　・クレソンの葉…$\frac{1}{2}$束分
- レモン汁…$\frac{1}{4}$コ分　・塩…適量

A
- オリーブ油…小サジ2杯
- コショー、タバスコ…各適量

作り方

1　エビは背ワタを除いて、塩で軽く揉み、水でよく洗ってから、下ゆでして冷まします。

2　アボカドは、庖丁でタテ半分に切り込みを入れ、果肉の左右を手でねじって2つに割ります。種に庖丁の刃の角を立てて刺し、ひねって種を取り、皮と果肉の間に指を入れて皮をむきます。ボールに果肉を入れ、フォークで軽くつぶします。レモン汁を加え、軽く塩をして混ぜます。

3　エビとクレソンの葉を2に加え、Aを加えて和えます。

◎主材料：2種　◎手順：3ステップ　◎所要時間：約15分

ねぎねぎサラダ

こってりしたメインに合う、2種類のねぎのサラダ。

材料（2人分）
- 長ねぎ（白い部分）…$\frac{1}{2}$本
- 細ねぎ…5〜6本
- しょう油、ごま油…各小サジ2杯

作り方

1　長ねぎは長さ5cmに切り、タテに切れ目を入れて芯を抜き、外側の部分を白髪ねぎにします。細ねぎは斜めうす切りにします。

2　1を冷水に10分ほどさらしてから、しっかりと水気をきります。

3　容器に、しょう油とごま油を合わせてよく混ぜ、ドレッシングを作ります。ねぎを器に盛りつけ、ドレッシングをかけます。

◎主材料：1種　◎手順：2ステップ　◎所要時間：約15分

キャベツの和風サラダ

マヨネーズとオリーブ油でコクを出します。

材料（2人分）

・キャベツ…1/4コ
・かつおぶし、揉み海苔、白ごま…各適量

A
・マヨネーズ…大サジ2杯
・オリーブ油…大サジ1杯
・しょう油…小サジ1/2杯

作り方

1 キャベツはせん切りにします。容器にAを入れ、小さな泡立て器で混ぜ合わせます。

2 器にキャベツを盛りつけ、かつおぶし、海苔、ごまをのせ、Aをかけます。

◎主材料：3種　◎手順：4ステップ　◎所要時間：約15分

タコときゅうりのヨーグルト和え

ヨーグルトの和え衣は、淡白な具とよく合います。

材料（2人分）

・ゆでタコ（足）…1本　・きゅうり…1/2本　・プレーンヨーグルト…カップ1/4杯　・にんにく…少々　・塩、コショー…各適量　・オリーブ油…少々

作り方

1 タコはぶつ切りにし、水気をしっかりと拭き取ります。

2 きゅうりはうすい輪切りにして軽く塩を振り、しんなりとしたら水気をしぼります。

3 ボールににんにくをすりおろし、ヨーグルトと1と2を入れて和え、塩・コショーで味をととのえます。

4 器に盛り、オリーブ油をまわしかけます。

◎主材料：3種　◎手順：3ステップ　◎所要時間：約15分

ベーコンにんにくスープ

ベーコンのうま味をレモンでさっぱりといただきます。

材料（2人分）
- ベーコン（ブロック）…60g
- にんにく…2片
- レタス…3〜4枚
- レモン汁…適量
- 塩…小サジ約1/4杯
- 水…カップ2杯

作り方

1　ベーコンは7〜8㎜角の棒状に切ります。にんにくは4等分に切ります。レタスは手でひと口大にちぎります。

2　鍋にベーコンを入れて中火にかけ、ベーコンから油がしみ出るまで炒めたら、火を止めます。

3　水とにんにくを加えて再び中火にかけます。フツフツとしてきたらレタスを加えます。レタスがしんなりとしたら塩で味をととのえます。器によそい、レモン汁を加えます。

◎主材料：1種　◎手順：2ステップ　◎所要時間：約15分

れんこんのすりおろし汁

味も食感もやさしく、ほっとする汁ものです。

材料（2人分）
- れんこん…100g
- 水ダシ（87頁）…カップ2杯
- 塩…2つまみ
- うす口しょう油…小サジ1/4杯

作り方

1　れんこんは皮ごとよく洗います。鍋にダシを入れ、中火で温めます。鍋の上でれんこんを皮ごとすりおろします。

2　ひと煮立ちしてから、塩、うす口しょう油で味をととのえます。

◎主材料：1種　◎手順：3ステップ　◎所要時間：約15分

刺身の漬け丼

ごまの風味に、きりっとしたしょうががアクセント。

材料（2人分）

- 白身魚の刺身…2人分
- しょうが…1/2片
- 細ねぎ…2本
- ご飯…丼2杯
- 練りわさび…適宜

A

- 練りごま（白）…小サジ2杯
- しょう油…小サジ2杯
- みりん…小サジ2杯

作り方

1　しょうがはせん切りに、細ねぎは小口切りにします。

2　ボールにAを混ぜ合わせます。刺身を入れてAと和え、10分ほど漬け込みます。

3　丼にご飯をよそって、2をのせます。細ねぎをちらしてしょうがをのせ、好みでわさびを添えます。

◎主材料：3種　◎手順：4ステップ　◎所要時間：約15分

コンビーフ丼

玉子とコンビーフの濃厚な味わいの、ボリューム丼。

材料（2人分）

- コンビーフ…小1缶（100g）
- 玉ねぎ…1/2コ　•玉子…2コ
- ご飯…丼2杯
- サラダ油…小サジ2杯
- オリーブ油…小サジ2杯
- 黒コショー…適量

作り方

1　コンビーフは軽くほぐします。玉ねぎはセンイにそって幅1cmに切り、ほぐします。

2　フライパンを中火にかけてサラダ油をひき、玉子を割り入れ、目玉焼きを作ります。

3　同じフライパンを中火にかけてオリーブ油をひき、玉ねぎを炒め、しんなりとしたらコンビーフを加えて炒め合わせます。

4　丼にご飯をよそって3をのせ、その上に目玉焼きをのせて、黒コショーを振ります。

◎煮込んで味わい深く　◎下ごしらえ約15分＋煮込み約40分

スペアリブと大根の煮もの

冬になると甘味を増す大根は、大きめに切って、スペアリブと昆布と一緒に、こっくりと煮詰めます。

材料（作りやすい分量）

・スペアリブ…400g
※長ければ精肉店で切ってもらう。
・大根…1/2本　・にんにく…1片
・昆布…10cm角　・豆板醤…小サジ1杯　・砂糖…大サジ3杯　・日本酒…大サジ3杯　・しょう油…大サジ3杯　・ごま油…大サジ1杯
※昆布と水カップ3杯を合わせて一晩おき、昆布水を作っておきます。

作り方

1　大根は皮をむいて大きめの乱切りにします。にんにくは、庖丁の腹で押さえてつぶします。戻した昆布は2cm角に切ります。

2　厚手の鍋を中火で熱してごま油をひき、スペアリブを入れて、表面全体にこんがりと焼き色をつけます。

3　豆板醤を加え、鍋底で豆板醤を炒めて香りを出し、1と昆布水を加えて中火にかけます。アクが出たら除き、砂糖、日本酒を加えてフタをして、弱めの中火で10～15分ほど煮ます。

4　大根が柔らかくなったら、しょう油を加え、フタを取って、強めの中火で煮詰めながら味を含ませます。ときどき鍋をゆすり、全体に味をまわします。

5　煮汁が1/3位まで煮詰まって、大根が飴色になったら完成です。

ここがポイント

スペアリブは、煮る前に焼くことで、焼き目の香ばしさが加わり、煮くずれしにくくなります。焼いているときに余分な脂が出たら、小さくたたんだキッチンペーパーで、しっかりと脂を吸い取ります。

◎煮込んで味わい深く　◎下ごしらえ約3分＋煮込み約20分

手羽元のパイナップル煮

パイナップルとしょう油で煮ると、深いコクが出ます。

材料（2人分）
- 鶏手羽元…8本
- パイナップル缶…小1缶
- しょう油…大サジ3杯

作り方

1　鍋に、手羽元、ひと口大に切ったパイナップルと缶のシロップ、ヒタヒタの水、しょう油大サジ1杯を入れて中火にかけます。

2　フツフツとしてきたらアクを取り、弱めの中火にして、フタをして15分ほど煮ます。しょう油大サジ2杯を加えて火を強め、フタを取って煮詰めます。火を止めて、鍋のまま冷まして、味を含ませます。

◎焼いて香ばしく　◎下ごしらえ約15分＋オーブン約20分

さつまいもとコンビーフのグラタン

コンビーフがさつまいもの甘さを引き立てます。

材料（2〜3人分）
- さつまいも…250g
- コンビーフ…小1缶（100g）
- 生クリーム…カップ1杯弱
- ピザ用チーズ…適量

作り方

1　さつまいもは皮ごと厚さ7〜8㎜の輪切りにし、大きいものは半月に切り、水に10分ほどつけます。コンビーフはほぐします。

2　耐熱の器に、さつまいもにコンビーフを挟むようにして、交互に並べます。生クリームをまわしかけ、チーズをたっぷりとのせ、200℃のオーブンで20分位焼きます。

◎焼いて香ばしく　◎漬け込み半日〜一日＋調理約40分

骨つき鶏もも肉のマリネ焼き

パリパリの皮に、ハチミツの甘さをほんのり感じる、おもてなしにもぴったりの、ごちそうチキンです。

材料（2人分）

- 鶏もも肉（骨つき）…2本
- りんご…1/4コ
- にんにく…1片
- しょうが…1片
- ベビーリーフ…適量

A

- レモンのしぼり汁…1/2コ分
- ナムプラー…カップ1/4杯
- コショー…適量

B

- ハチミツ…大サジ1杯
- しょう油…小サジ1 1/2杯

作り方

1 りんご、にんにく、しょうがをすりおろして、バットに入れます。Aを加えて混ぜ、鶏肉を漬け、ラップをかけます。途中で何度か上下を返し、冷蔵庫で半日〜一日おきます。

2 天板に、鶏肉の皮目を上にして並べ、200℃に予熱したオーブンで15分焼きます。

3 小さめの容器にBを混ぜ合わせてハケで皮に塗り、5分焼きます。もう一度塗って5分焼き、色よく照りが出たら出来上がりです。器に盛り、ベビーリーフを添えます。

ここがポイント

3

焼いている途中で、ハチミツとしょう油を混ぜたタレを塗ります。香ばしい焼き色がつくうえ、皮にもしっかり味がつき、パリパリとした食感に仕上がります。ハケがなければ、スプーンの背で塗っても結構です。

◎漬けてしみ込む　◎漬け込み一晩＋調理約20分

豚肉のみそ漬け焼き

みそと甘酒を肉にまぶして一晩おくと、肉のうま味がぐっと引き出されます。

材料（2人分）
•豚ロース肉（豚カツ用）…2枚
•白菜…2枚　•塩…適量
•サラダ油…小サジ2杯
A•みそ、甘酒…各大サジ2杯
※甘酒は、日本酒、砂糖各大サジ1杯を混ぜたもので代用可。

作り方

1 肉は脂身と肉の境目2～3カ所を、庖丁の先でスジ切りし、軽く塩を振って5分ほどおきます。肉の表面に出た水気をしっかりと拭き取ります。

2 容器にAを混ぜます。ラップを20～30cmほどに切り、真ん中にAの1/4量をのばして、その上に肉をのせ、さらにAの1/4量をのばし、空気がなるべく入らないようピッチリと包みます。同様にもう1枚も包み、冷蔵庫で一晩おきます。

3 肉は焼く前に常温に戻しておきます。白菜は斜めに庖丁を入れて大きめのうすいそぎ切りにします。

4 フライパンを中火で熱してサラダ油をひき、みそをぬぐい取った肉を入れて両面をこんがりと焼きます。

5 肉の下に白菜をしき、フタをして弱めの中火で5分位、白菜がしんなりとするまで蒸し焼きにします。

ここがポイント

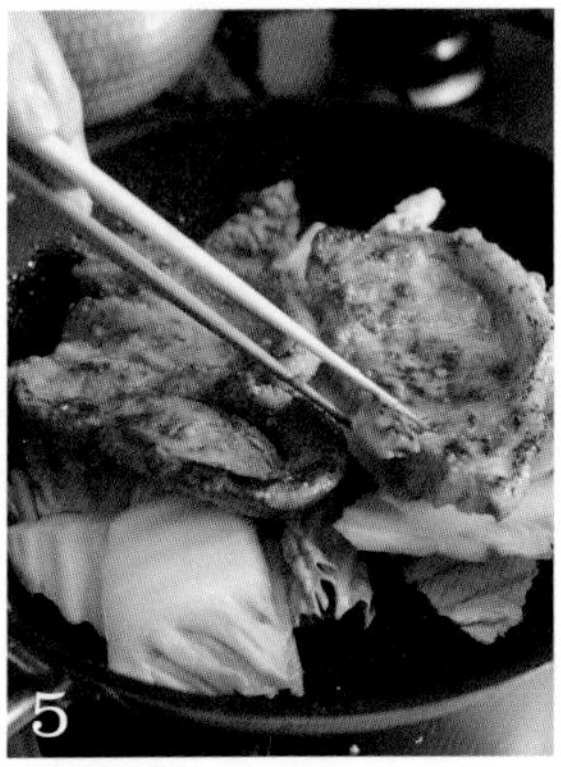

みそ漬けした肉は、焦げやすいので野菜をしいて蒸し焼きに。白菜のほか、もやし、大根、レタス、キャベツなど水気の多い野菜でも結構です。野菜から水分が出にくい場合は、水を少し加えます。

◎煮込んで味わい深く　◎下ごしらえ約5分＋煮込み約30分

白菜のくたくた煮

しょうががポイント。身体の芯から温まります。

材料（2人分）

- 白菜…1/8コ
- しょうが（うす切り）…6枚
- 昆布水（100頁）…カップ3杯
- 牛乳…カップ1/2杯
- 塩…適量

作り方

1 白菜は葉がバラバラにならないよう、軸ごとタテ半分に切ります。

2 鍋におさまるように白菜を曲げて入れ、昆布水、塩小サジ1/2杯を加えてフタをして、弱めの中火でコトコトと20～30分ほど煮ます。

3 白菜が箸で切れる位までトロトロに煮えたら、しょうが、牛乳を加えてさっと煮て、塩で味をととのえます。

◎煮込んで味わい深く　◎下ごしらえ約3分＋煮込み約30分

丸ごと玉ねぎのスープ

鶏のスープで、玉ねぎを甘く、トロトロに煮込みます。

材料（2人分）

- 玉ねぎ…小2コ
- 細ねぎ…少々
- 鶏ガラスープの素…小サジ1杯
- 塩…適量
- 黒コショー…少々
- 水…カップ2杯

作り方

1 玉ねぎは、皮をむき、根の部分を切り取り、丸ごと小さめの鍋に入れ、水、スープの素、塩小サジ1/4杯を加えてフタをして、弱めの中火で20～30分、コトコトと煮ます。

2 玉ねぎがくずれるほど柔らかくなったら、塩で味をととのえます。器に盛り、小口切りにした細ねぎをちらし、黒コショーを振ります。

◎漬けてしみ込む　◎下ごしらえ約30分＋漬け込み約半日

漬け玉子丼

酢と豆板醤がほのかに効いて、食欲をそそります。

材料（2人分）

- 玉子…2コ　・香菜…適量
- ご飯…丼2杯

A

- しょう油…大サジ1杯　・酢…小サジ2杯　・砂糖…小サジ1杯
- 豆板醤（または唐辛子の小口切り）…少々

作り方

1 玉子は常温に15分ほどおいてから小鍋に入れ、かぶる位の水を入れて強火にかけます。フツフツとしてきたら中火にし、火にかけてから12分位で水に取って冷まし、カラをむきます。ポリ袋にゆで玉子とAを入れ、空気が入らないように口を結び、冷蔵庫で半日おきます。ときどき玉子の向きを変えると、全体にきれいに色がつきます。

2 丼にご飯をよそい、切った玉子と香菜をのせ、漬け汁をかけます。

◎煮込んで味わい深く　◎下ごしらえ約5分＋煮込み約45分

かぼちゃのお粥

鶏のスープがしみた、とろりとしたご飯がおいしい。

材料（2〜3人分）

- 米…1合
- かぼちゃ…$\frac{1}{8}$コ
- 鶏ガラスープの素…小サジ2杯
- 塩…適量
- 水…1ℓ

作り方

1 米をといで、水と合わせて鍋に入れ、中火にかけます。フツフツしてきたら弱火にし、鶏ガラスープの素を加えて、フタをして、トロトロになるまで30〜40分位煮ます。途中で水気が少なくなったら、その都度水を足しながら煮ます。

2 かぼちゃは、ところどころ皮をむいて2cm角に切り、面取りします。

3 米の形がくずれる位まで煮上がってきたら、かぼちゃを加えます。かぼちゃが柔らかくなるまでフタをして煮て、塩で味をととのえます。

作り置き

ひき肉炒め

◎保存：保存容器で冷蔵5日ほど　◎展開度：★★★★★

どんな料理にも合わせやすい、甘辛い味つけです。

材料（作りやすい分量）
- 豚ひき肉…500g
- しょうが…1片
- にんにく…1片
- サラダ油…小サジ2杯

A
- しょう油…大サジ$2\frac{1}{2}$杯
- 砂糖…大サジ$2\frac{1}{2}$杯
- 日本酒…大サジ$2\frac{1}{2}$杯

作り方

1　しょうがとにんにくはみじん切りにします。

2　フライパンを中火で熱してサラダ油をひき、しょうがとにんにくを炒めます。香ばしくなったら、ひき肉を加えて炒めます。

3　肉の色が変わり、ほぐれてきたら、Aを加え、汁気がなくなるまでしっかりと炒めます。

展開料理

オムレツ

◎主材料：2種　◎手順：3ステップ　◎所要時間：約10分

甘い玉子とひき肉は、子どもの喜ぶ、なつかしい味。

材料（2人分）
- 玉子…3コ
- ひき肉炒め…カップ$\frac{1}{2}$杯
- 砂糖…小サジ2杯
- オリーブ油…大サジ1杯
- ケチャップ…適量

作り方

1　ボールに玉子を割り、砂糖を加えて溶きほぐします。

2　フライパンを中火で熱してオリーブ油をひき、1を一気に入れて菜箸で大きく混ぜます。半熟位に固まってきたら、真ん中にひき肉炒めをのせ、玉子を半分に折り畳むようにして包み、端に寄せて形を整えます。

3　フライパンを返してオムレツを皿に盛り、ケチャップをかけます。

◎主材料：2種　◎手順：3ステップ　◎所要時間：約60分

展開料理　ふろふき大根

あっさりとした大根を、ひき肉でボリュームアップ。

材料（2人分）

- 大根…8㎝　・細ねぎ…適量
- ひき肉炒め、米のとぎ汁…各適量
- 水ダシ（87頁）…カップ$1\frac{1}{2}$杯
- 柚子こしょう…適宜

作り方

1　大根は皮を厚めにむき、長さ半分に切って面取りをし、一方の断面に十字の切り込みを入れます。

2　鍋に大根を入れ、米のとぎ汁をかぶる位まで加え、弱めの中火でゆでます。ゆで汁が少なくなったら、とぎ汁を足し、串がスッと通る位になるまで20分ほどゆでます。

3　大根を水洗いして別の鍋に入れ、ダシを加えて弱めの中火にかけ、沸いて10分したら火を止めます。そのままダシの中で冷まして味を含ませます。食べる際に大根を温め直し、温めたひき肉炒めをのせ、細ねぎと好みで柚子こしょうを添えます。

◎主材料：5種　◎手順：2ステップ　◎所要時間：約15分

展開料理　焼きそば

ひき肉炒めの味を生かして、味つけは控えめに。

材料（2人分）

- キャベツ…2～3枚
- ピーマン…1コ
- にんじん…$\frac{1}{4}$本
- ひき肉炒め…カップ$\frac{1}{4}$杯
- 蒸し中華麺…2玉
- しょう油…小サジ2杯
- ウスターソース…大サジ1～$1\frac{1}{2}$杯
- 塩、コショー…各適量
- サラダ油…大サジ1杯

作り方

1　野菜は食べやすい大きさに切ります。フライパンを中火で熱してサラダ油小サジ2杯をひき、野菜を炒め、しんなりしてきたら塩を軽く振って混ぜ、一度取り出します。

2　サラダ油小サジ1杯を足して麺を加え、片面を焼いてからほぐします。野菜を戻し、ひき肉炒めを加えて炒め、しょう油、ウスターソース、塩・コショーで味をととのえます。

作り置き

甘酢玉ねぎ

甘酢で漬けて、しんなりと、まろやかなおいしさに。

◎保存：保存容器で冷蔵1週間ほど　◎展開度：★★★★☆

材料（作りやすい分量）
- 玉ねぎ…2コ
- 塩…小サジ1杯
- 砂糖…大サジ4杯
- 酢…大サジ4杯

作り方

1　玉ねぎはタテ2つに切り、センイを断ってうす切りにします。

2　玉ねぎを保存容器に入れ、塩、砂糖を入れ、酢をまわしかけ、冷蔵庫で一晩おきます。途中、底から上下を返して全体に味をなじませます。

※酢が入っているので、酸に強いホウロウやガラス製の保存容器を使いましょう。

展開料理

牛しゃぶの炒めねぎのせ

玉ねぎを炒めると、酸味がやわらぎ甘味が増します。

◎主材料：2種　◎手順：2ステップ　◎所要時間：約15分

材料（2人分）
- 牛うす切り肉（しゃぶしゃぶ用）…150g
- 甘酢玉ねぎ…カップ1杯
- 細ねぎ…少々
- オリーブ油…小サジ1杯

作り方

1　鍋に湯を沸かし、肉をさっと湯通しして、キッチンペーパーで水気を拭き取ります。細ねぎは長さ5cmの斜め切りにします。

2　フライパンを中火で熱し、オリーブ油をひき、軽く汁気をきった甘酢玉ねぎと細ねぎを入れ、少し色づくまで炒めます。器に肉を盛り、炒めたねぎをのせます。

◎主材料：4種　◎手順：3ステップ　◎所要時間：約30分

展開料理 ポテトサラダ

味がしっかりとしみた玉ねぎが主役のポテトサラダ。

材料（2〜3人分）
- じゃがいも…3コ
- ピーマン…1コ
- ハム…2枚
- 甘酢玉ねぎ…カップ1/2杯

A
- 塩、コショー…各適量
- マヨネーズ…大サジ2〜3杯

作り方

1　鍋にじゃがいもとかぶる位の水を入れて中火にかけ、串がスッと通る位に柔らかくゆでます。熱いうちに皮をむいてボールに入れ、フォークなどでつぶし、汁気をきった甘酢玉ねぎを加えて、混ぜ合わせます。

2　ピーマンはタテ半分に切ってヘタと種を除き、横に細切りにします。ハムは長さ3cmの細切りにします。

3　1の粗熱が取れたら、2を加えて和え、Aを加えてさらによく和えます。

◎主材料：2種　◎手順：3ステップ　◎所要時間：約10分

展開料理 春菊の甘酢玉ねぎのせサラダ

甘酢玉ねぎにオリーブ油を加えてドレッシング風に。

材料（2人分）
- 春菊…1束
- 甘酢玉ねぎ…カップ1/4杯
- オリーブ油…大サジ1杯
- 黒コショー…適量

作り方

1　春菊は葉と茎に分けます。鍋に湯を沸かし、茎を先に1分ほどゆで、葉はさっとゆで、水にさらします。

2　ボールに、軽く汁気をきった甘酢玉ねぎを入れ、オリーブ油、黒コショーを加えて混ぜ合わせます。

3　春菊の水気をしぼり、食べやすい大きさに切って器に盛り、2をのせます。

作り置き

きのこのオイル漬け

油に漬けると、きのこのうま味がぐっと増します。

◎保存：保存容器で冷蔵1週間～10日ほど　◎展開度：★★★★★

材料（作りやすい分量）

・しめじ…1パック　・椎茸…6枚
・エリンギ…2本
※いろいろな種類のきのこで代用可。
・にんにく…2片　・塩…小サジ1杯　・オリーブ油（または菜種油）…適量

作り方

1　しめじ、椎茸は石突きを取り、しめじは小房に分け、椎茸は軸ごと4等分にします。エリンギはタテ8等分に切ってから、長さ半分に切ります。にんにくは庖丁の腹で押さえてつぶします。

2　厚手の鍋に、にんにくと油大サジ4杯を入れて弱めの中火にかけます。香ばしくなったらきのこを加えて混ぜ、きのこのかさより少なめの深さまで油を注ぎ、塩を加えてフタをして弱火で15分ほど煮ます。粗熱が取れたら保存容器に移します。

展開料理

粉ふきいものオイルきのこのせ

ゆでた野菜にのせるだけで、満足感ある一品に。

◎主材料：2種　◎手順：2ステップ　◎所要時間：約15分

材料（2人分）

・じゃがいも…2コ
・きのこのオイル漬け…適量
・オリーブの実（種なし）…適量
・黒コショー…少々

作り方

1　じゃがいもは皮をむいてひと口大に切ります。鍋に湯を沸かして、串がスッと通る位に7～8分ゆでたら、ゆで汁を捨てます。再び火にかけて、じゃがいもを転がすように鍋をゆすって水気をしっかりととばし、粉ふきいもにします。

2　1を器に盛り、きのこをオイルごとのせ、手でつぶしたオリーブの実をのせ、黒コショーを振ります。

◎主材料：3種　◎手順：3ステップ　◎所要時間：約10分

展開料理 きのこと豆腐のスープ

きのことオイルのうま味でスープにコクが出ます。

材料（2人分）

- きのこのオイル漬け…カップ$\frac{1}{2}$杯

※油をしっかりきった状態で。

- 豆腐…$\frac{1}{2}$丁
- 長ねぎ（白い部分）…適量
- 水ダシ（87頁）…カップ2杯
- 塩…適量

作り方

1 長ねぎは小口切りにします。

2 鍋にダシを入れて中火にかけ、フツフツとしてきたら、長ねぎを加えてさっと煮ます。

3 きのこのオイル漬けと、さいの目に切った豆腐を加えてさっと煮ます。塩で味をととのえます。

◎主材料：2種　◎手順：3ステップ　◎所要時間：約1時間

展開料理 きのこピラフ

食べごたえのあるきのこが主役の洋風炊き込みご飯。

材料（2～3人分）

- きのこのオイル漬け…カップ1杯

※油をしっかりきった状態で。

- 米…2合
- 塩…小サジ$\frac{1}{3}$杯
- パセリ…適量

作り方

1 米をといでザルに上げ、10分ほど水気をきっておきます。

2 フライパンにきのこのオイル漬けと米を入れて中火で炒め合わせ、米が透き通ってきたら炊飯器に入れ、塩を加えて、ふだん通りの水加減で炊きます。

3 炊き上がったら、刻んだパセリを加えて軽く混ぜます。

※好みでレモンをしぼってもおいしくいただけます。

作り置き

◎保存：保存容器で冷蔵3日ほど　◎展開度：★★★☆☆

ポタージュの素

ペースト状なので、アレンジの幅が広がります。

材料（作りやすい分量）
- じゃがいも…4コ
- 玉ねぎ…1コ
- バター…大サジ2杯
- 塩…小サジ1/2杯

作り方

1　じゃがいもと玉ねぎは皮をむいてうす切りにします。

2　鍋を中火で熱してバターを入れ、1を軽く炒めます。ヒタヒタの水を加えて、じゃがいもが柔らかくなるまで煮て火を止めます。粗熱が取れたら、塩を加えてミキサー（またはハンドブレンダー）にかけ、ペースト状になるまで撹拌します。

◎主材料：2種　◎手順：2ステップ　◎所要時間：約10分

展開料理　じゃがいものポタージュ

牛乳でのばして、好みのなめらかさに。

材料（2人分）
- ポタージュの素…カップ1杯
- 牛乳、塩…各適量

※牛乳は、豆乳、ダシなどでも代用できます。
- 細ねぎ…少々

作り方

1　鍋にポタージュの素を入れ、弱めの中火にかけ、牛乳を少しずつ加えながら、好みの濃度にのばします。

2　フツフツとしてきたら火を止め、塩で味をととのえます。器によそい、小口切りにした細ねぎをちらします。

※温めても、冷やしてもおいしくいただけます。

◎主材料：4種　◎手順：6ステップ　◎所要時間：約50分

展開料理 マカロニのトマトソースグラタン

ポタージュの素をホワイトソース代わりに活用。

材料（2〜3人分）

・マカロニ…200g
・トマトソース（※）…カップ1杯
・ポタージュの素…カップ1杯
・ピザ用チーズ、塩…各適量

作り方

1 マカロニを商品の表示通りに塩ゆでし、トマトソースと和えます。

2 耐熱の器に、1、ポタージュの素、チーズの順に入れます。

3 200〜250℃のオーブンで2を15分位焼きます。

※①厚手の鍋で、オリーブ油大サジ3杯とにんにく（みじん切り）1片を弱めの中火で炒め、香ばしくなったら、②玉ねぎ（みじん切り）1/2コを加え、透き通るまで炒めます。③つぶしたトマトの水煮1缶分、ローリエ1枚を加え、混ぜながら煮詰め、トロリとしたら塩小サジ1/2杯、コショー適量で味をととのえます。

◎主材料：2種　◎手順：4ステップ　◎所要時間：約20分

展開料理 チキンソテーのじゃがいもソース

香ばしい鶏肉に合う、やさしい味わいのソース。

材料（2人分）

・鶏もも肉…2枚（1枚150g）
・ポタージュの素…カップ1/3杯
・にんにく（つぶす）…1片分
・塩…小サジ1/2杯強
・クレソン、コショー…各適量
・オリーブ油…大サジ1杯

作り方

1 鶏肉は脂を除いて厚さを均一にし、塩を振って10分ほどおき、水気を拭いて、コショーを振ります。

2 小鍋にポタージュの素を入れて弱めの中火にかけ、温めます。

3 フライパンを弱めの中火に熱し、オリーブ油をひき、にんにくを炒めます。香ばしくなったら取り出し、中火にして鶏肉を皮目から焼きます。皮に焼き目がついたら裏返し、やや火を弱めてじっくりと焼きます。

4 器に肉を盛り、2のポタージュの素をかけ、クレソンを添えます。

主材料別さくいん

掲載している料理を、使用する主材料によって分類し、五十音順にまとめました。
少＝少ない材料と手順で作る料理
ほ＝ほうっておいておいしくなる料理
作／展＝作り置きとその展開料理（破線でつないでいます）

◎野菜のおかず

◎肉のおかず

◎魚介のおかず

◎その他のおかず

◎スープ・汁もの

◎ご飯・麺類

暮しの手帖の おべんとうのおかず204

暮しの手帖編集部 編

定価 1540円

バリエーション豊かなおべんとうが、手早くおいしく作れると好評の別冊を書籍化しました。大庭英子さんの「定番素材のおかず」50品、川津幸子さんの「朝20分で作るおべんとうのおかず」39品、今泉久美さんの「野菜中心のヘルシーおかず」33品、ワタナベマキさんの「子どもと中高生のおかず」40品、そのほか「付け合わせおかず」26品と「ご飯とパン」16品をご紹介します。

神田裕行のおそうざい十二カ月

神田裕行 著

定価 2420円

『ミシュランガイド東京』で、16年連続三つ星（日本料理で最多）を獲得する「かんだ」主人の神田裕行さんが伝授する、「少ない材料で作りやすい」「適度なうま味だから飽きがこない」「できたても翌日もおいしい」おそうざいの本です。定番、四季の味など62品を収録しています。

一つの料理をまずは三度、作ってみてください。作るほどに、ずっとおいしい「わが家の味」になるものです。

子どもに食べさせたいおやつ

おかあさんの輪 著

定価 1980円

育ちざかりの子どもたちにとって、〈四度目の食事〉ともいえるおやつ。市販のお菓子にたよっていていいのかしら……。そんな危機感を持つおかあさんたちが、試作を重ねた手作りおやつの本です。子どもの味覚と健康を考え、砂糖は控えめにしています。

さっとできる「毎日のおやつ」、家族で楽しめる「週末のおやつ」、記念日には「特別な日のおやつ」。身近な食材を使い、手軽で作りやすいレシピばかりです。

子どもに食べさせたい すこやかごはん

おかあさんの輪 著

定価 1980円

食事を通じて子どもの体質改善に取り組む母親のグループによるレシピ集。好評の『子どもに食べさせたいおやつ』に続く第2弾です。

本書では、食事をお米、味噌汁、お漬けものを土台とした「和食」にするという提案をしています。穀物と野菜を中心にして、たんぱく質は魚介や大豆からとる。できるだけ身近でとれた旬の食材を使う。味つけは素材の味を生かす。そんな工夫です。もちろん大人もおいしくいただけます。

おそうざい十二カ月

小島信平 料理
暮しの手帖編集部 編
定価 ４１８０円

日本料理の達人といわれた小島信平さんを先生とする、いわば「おかずの学校」です。
毎日のおかずをもっと大切にして、ほんの少しの心遣いでずっとおいしいものを作れるように。１９５６年に『暮しの手帖』でスタートした同名の連載より、２０１品を選んでいます。
編集部が料理を作ってみて、皆で味見をし、好評だったものだけを載せています。贈りものにもおすすめのロングセラーです。

おそうざいふう外国料理

常原久彌、村上信夫、
戦 美樸 協力指導
暮しの手帖編集部 編
定価 ４１８０円

『暮しの手帖』に掲載したレシピのなかから、西洋ふう88品、中国ふう77品を選び出してまとめました。初版の１９７２年から半世紀にわたり版を重ねています。
帝国ホテルの村上信夫さん、ロイヤルホテルの常原久彌さん、王府《ワンフー》の戦美樸《せんびぼく》さん。昭和後期を代表する三人の名料理人が、作り方をわかりやすく説明します。巻頭には「料理をはじめるまえに」というアドバイスを収録。多くの料理に応用できる技術が身につきます。

新版 吉兆味ばなし

湯木貞一 著
定価 １７６０円

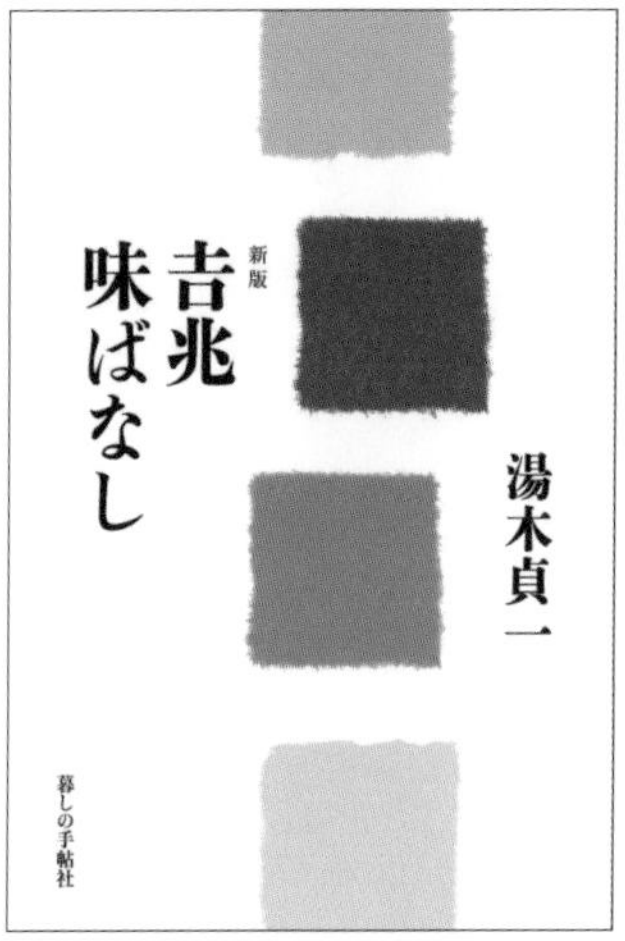

日本料理「吉兆」の創業者である湯木貞一さんが、生涯をかけて得た技を語った名著です。旧版は１９８２年刊行で、今では「料理人のバイブル」としても読みつがれています。
話の引き出し役は『暮しの手帖』編集長だった花森安治が務めました。季節の食材の生かし方、味の加減や盛り付けなど、日本料理の極意が語られています。
吉兆さんの味を家庭で、と願った花森の思いが実った一冊です。

暮しの手帖の評判料理

暮しの手帖編集部 編
定価 １９８０円

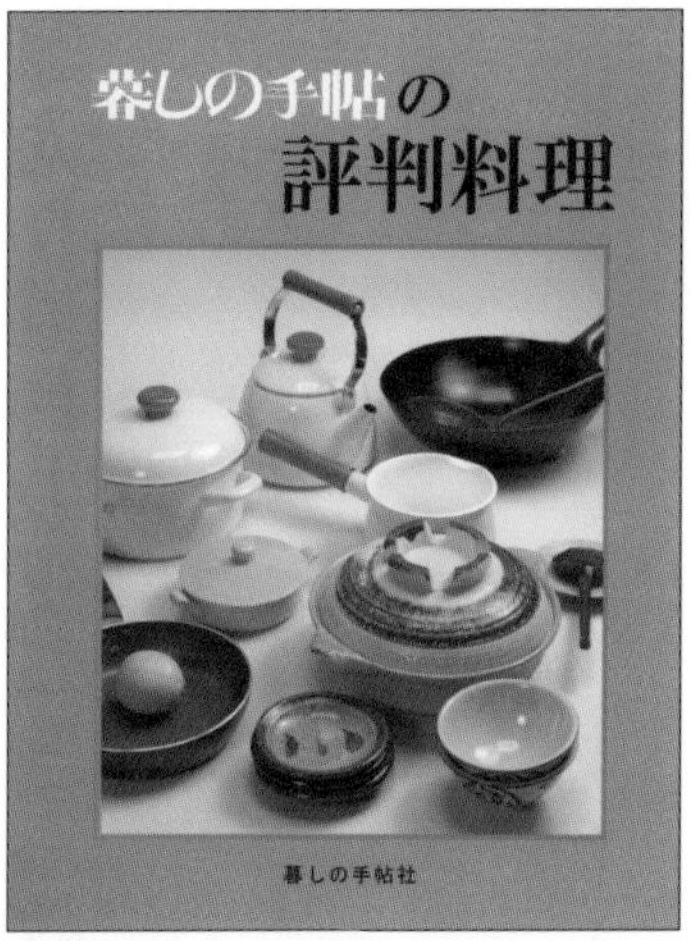

『暮しの手帖』に掲載した、野菜・肉・魚のおかず、ごはんや麺類、スープ・汁・鍋ものなどから、長年にわたり読者に好評だったおそうざい１４７品を収録しました。
ていねいな説明で、これから自炊をはじめる若い方や、食生活でも自立をめざす中高年の男性にも、わかりやすいと定評があります。
白菜などの漬けもの12種、料理の基本になる、和風ダシやトリガラスープのとり方、庖丁の正しい研ぎ方も掲載しました。

手づくり調味料のある暮らし

荻野恭子 著

定価 １９８０円

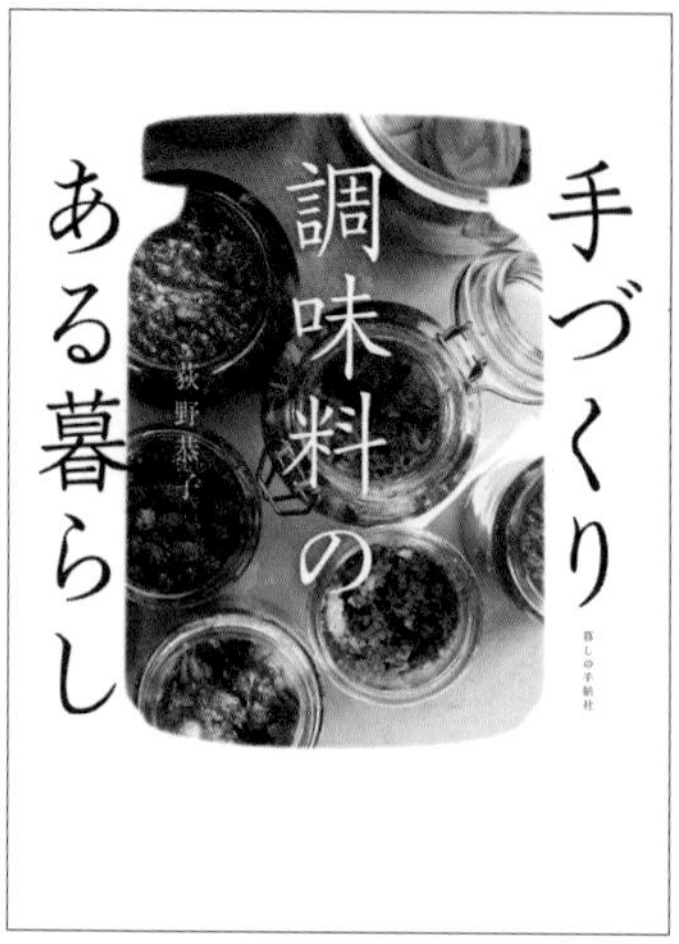

料理研究家の荻野恭子さんが日々の暮らしに取り入れている、手づくり調味料のレシピ集です。豆板醤やＸＯ醤、コチュジャンに魚醤、ウスターソースなど世界各地の調味料から、米みそやしょう油といった身近なものまで、幅広くご紹介しています。原材料からこだわることができ、保存料などの添加物を使用せずに作れて「安心・安全」。想像以上の手軽さです。調味料を生かした季節ごとの展開料理も重宝します。

暮らしを美しくするコツ５０９
続 暮らしを美しくするコツ６０９

暮しの手帖編集部 編

定価 各１３２０円

『５０９』は、掃除と収納、もっとおいしい料理、洗濯とアイロン、健康的に続けるダイエット、心地よい睡眠の５つのテーマを収録。『６０９』は、台所仕事の工夫とアイデア、省エネ生活、食品の冷凍と解凍、手芸・裁縫の知識、美肌のための提案、育児としつけの６つのテーマを収録しました。もしも億劫になったら、それぞれの巻末に付いている「コツのための９のコツ」をご覧ください。

嫁入り道具の花ふきん教室

近藤陽紹子 著

定価 １６５０円

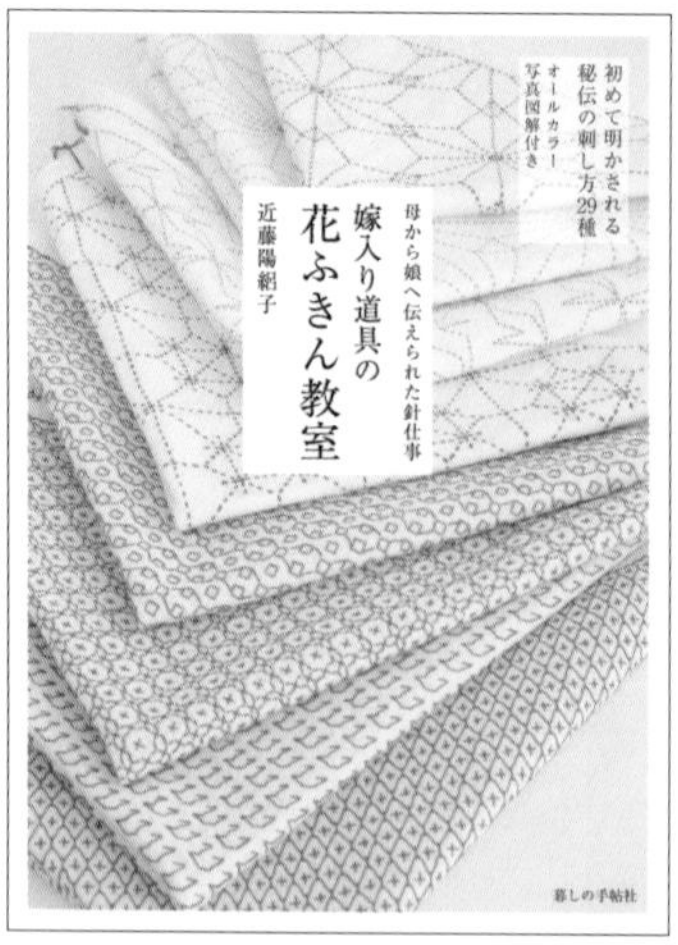

秋田には、母が娘の幸せを願い、刺し子を施した「花ふきん」を嫁入り道具に持たせる風習がありました。本書では著者の近藤陽紹子さんが、これまで手ずから教えてきた技法をお伝えします。自然や花などの「模様刺し」と、下線を引かない「地刺し」の図案29種を、オールカラーの写真図解付きでご紹介。大切な人や、自らの暮らしを思い浮かべ、ただ無心に針を運ぶ。そんな豊かな時間をお過ごしください。

すてきなあなたに

大橋鎭子 編著

定価 ２６４０円

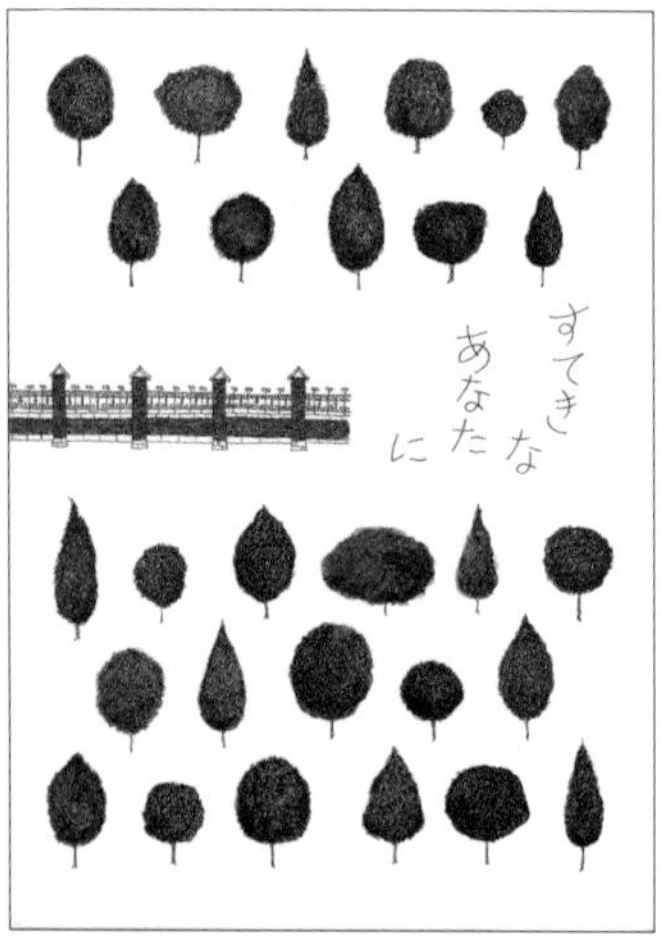

１９６９年に始まり、現在も続く『暮しの手帖』の連載「すてきなあなたに」。連続テレビ小説『とと姉ちゃん』で主人公のモチーフとなった、暮しの手帖社創業者の大橋鎭子が、長く編集を担当していました。２９６編のお話を、月ごとにまとめた全12章。花森安治が装釘した、函入り上製の美しい本です。おいしいもの、おしゃれをする心持ち、人との関わりなど、暮らしのささやかな出来事とその余韻が心にしみわたります。

小さな思いつき集 エプロンメモ

暮しの手帖編集部 編

定価 1540円

「エプロンメモ」は、1954年から現在まで続いている、『暮しの手帖』の人気連載です。前作から19年ぶりの刊行となる本書では、4世紀1号（2002年）以降に掲載した、628編をまとめています。食べもの、着るもの、住まいの手入れ、子育て、からだのこと、おしゃれ、人とのお付き合いなど、すぐに試したくなるアイデアと暮らしの楽しさが詰まった、小さな知恵の宝石箱です。

巴里の空の下オムレツのにおいは流れる

石井好子 著

定価 1760円

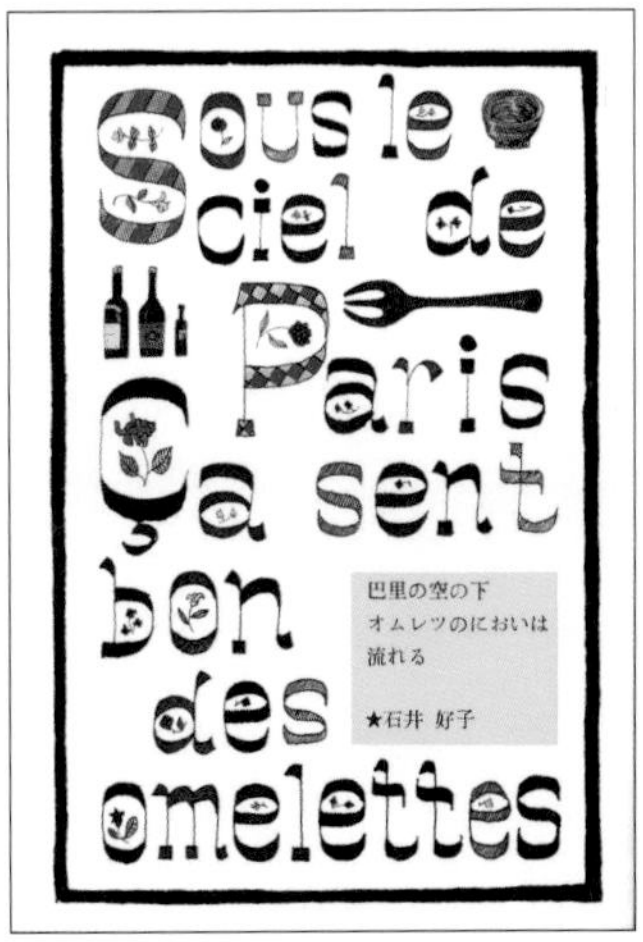

シャンソン歌手として活躍した、石井好子さんのエッセイ集です。1954年頃、パリから帰ってきた石井さんに「あなたは食いしん坊だからきっとおいしそうな文章が書けるよ」と編集長の花森安治が声をかけ、『暮しの手帖』での連載が始まりました。1963年に単行本化し、同年には「日本エッセイストクラブ賞」を受賞。石井さんの鼻唄が聞こえて来るような、とってもおしゃれで、楽しい名作です。

美しいものを 花森安治のちいさな絵と言葉集

暮しの手帖編集部 編

定価 1760円

花森安治が『暮しの手帖』の編集長を務めた約30年間に、誌面に描いた挿画は、大小合わせて数千点に及びます。緻密な線から美しさやユーモアが生まれ、誌面に華やかさを加えました。挿画は、『暮しの手帖』らしさをかもしだす、大切な要素でした。本書には、膨大な「ちいさな絵」から、線画を中心に約500点を集め、花森が残した暮らしにまつわる言葉を添えています。花森の美学の結晶をお楽しみください。

昔話の扉をひらこう

小澤俊夫 著

定価 2000円

人間の声は、相手の心に深く残り、人生を支える力があると語る、昔話研究の第一人者、小澤俊夫さん。スマートフォンやテレビを見る時間が長くなった今、子どもたちに生の声で物語を聴かせる機会は、いっそう大切になっています。人と人とをつなげる力、人生観や自然観、子育てのヒントなど、昔話が育むゆたかな世界へ、あなたをご案内します。

特別収録 ◎小さなお話集 全17話
◎二人の息子との初めての鼎談
（小澤淳さん、小沢健二さん）

■表示の価格は、税込（10%）です（2023年9月現在）。

新装保存版　暮しの手帖のシンプルレシピ

二〇二三年九月三十日　初版第一刷発行

著　者　暮しの手帖編集部

発行者　横山泰子

発行所　暮しの手帖社　東京都千代田区内神田一ノ十三ノ一　三階

電　話　〇三－五二五九－六〇〇一

印刷所　凸版印刷株式会社

ISBN978-4-7660-0236-2　C2077　